하루
27
시간

당신의 **하루**를 **3시간**
늘려주는 기적의 정리법

하루
27
시간

다카시마 미사토 지음 | 서라미 옮김

WILLCOMPANY

10명 중 9명은 일에 쫓긴다

수많은 책 중 이 책을 선택해주셔서 감사합니다. 이 책을 펼쳐 든 당신은,

- 일이 끝나지 않아 매일 야근을 한다.
- 회사 일이 너무 바빠 개인 시간이 없다.
- 시간 활용에 서툴러 정신을 차려보면 늘 시간에 쫓긴다.
- 실수하지 않고 요령 있게 일하고 싶다.
- 자유시간이 생기면 무언가 배우고 싶다.

이런 생각으로 매일 고민하지 않나요?

그렇다면 이 책이 분명 당신에게 도움이 될 것입니다.

서점에서 선 채로 읽어도 좋으니 끝까지 읽어주세요.

세상에는 시간에 쫓겨 허둥지둥 사는 사람이 있는가 하면, 일도 똑 부러지게 하고 개인적인 삶에도 충실한 사람이 있습니다.

전자는 매일 야근을 하느라 바쁜데도 형편이 나아지지 않지만, 후자는 자유시간을 누리면서도 직장에서 꾸준히 성과를 올려 능력을 인정받지요.

두 사람의 차이는 무엇일까요?

후자는 척척 해내는 능력을 타고나기라도 한 걸까요?

그렇지 않습니다.

두 사람의 차이는 업무 실력에 있는 것이 아니라 아주 사소한 부분에 있습니다.

잘 나가는 사람이라면 누구나 갖고 있는 능력은?

저는 와세다대학을 졸업하고 유명 입시학원에서 강의를 하며 3천 명이 넘는 학생들을 지도했습니다. 그리고 IT 기술학교를 운영하며 8천 명이 넘는 학생을 지도해 왔습니다.

약 1만 명 정도의 학생들을 주의 깊게 관찰한 결과, 무슨 일이든 척척 해내는 학생들에게는 한 가지 공통점이 있다는 사실을 발견했습니다.

바로 이 책의 주제인 '정리의 기술'입니다.

척척 해내는 학생들은 책상이나 물건, 일정 등 모든 것을 잘 정리합니다. 그리고 성적이 우수한 학생들을 추적 조사해 보니 사회에 나가서도 업무적으로 꾸준히 성과를 내고 있었습니다.

왜 정리를 잘하는 사람이 일도 잘할까?

정리를 잘하면 효율이 높아져 결과적으로 여유시간이 많아지기 때문입니다.

똑똑하게 일하는 사람들은 결코 업무에 쫓기지 않습니다. 시간을 만들어 쓰기 때문에 다른 사람보다 여유 있게 일합니다. 시간에 여유가 있으면 안정적이고 확실하게 일을 처리할 수 있습니다. 따라서 일의 성과도 올라갑니다.

직장생활만 해도 그렇습니다.

상사가 "그 자료 다 됐나?"라고 물었을 때 자료를 어디에 두었는지 찾지 못해 당황했던 적이 있다면 시간을 잘 활용하지 못하고 있는 것입니다.

여러분도 이런 경험이 있지 않나요? 그러나 앞으로 이 책에서 제시하는 방법을 따라 하면 한 번에 자료를 찾을 수 있게 될 것입니다.

야근을 하는 사람은 겉보기에는 열심히 일하는 것 같아도 알고 보면 업무의 질이 낮은 경우가 많습니다. 바쁠수록 업무의 질은 떨어지고, 질이 떨어지면 시간이 더 필요하기 때문에 야근을 합니다. 그야말로 실패의 악순환이지요. 똑똑하게 일하는 사람과 차이가 나는 것이 당연합니다.

이쯤에서 정리를 해볼까요?

1. 성과를 내는 사람은 모든 면에서 정리를 잘한다.
2. 정리를 잘한 덕분에 시간을 만들 수 있다.
3. 시간이 많기 때문에 여유가 생기고 허둥대지 않으므로 업무의 질이 높아진다.

이제 정리가 얼마나 중요한지 느껴지시나요?

당신도 정리의 달인이 될 수 있다

혹시 '저는 어릴 때부터 정리에 약해서 그렇게 못할 거예요'라고 생각하지는 않나요?

그래도 괜찮습니다.

아무리 정리를 못 하는 사람이라도 14일 만에 극적으로 정리 능력을 키워주는 것이 이 책의 목표니까요. 이 책에 나온 순서대로 따라 하다 보면 14일 뒤에는 정리법을 온전히 익혀 시간을 여유롭게 쓸 수 있게 됩니다.

아무리 적어도 하루에 세 시간은 만들 수 있습니다.

여러분의 하루가 세 시간 늘어난다면 어떨까요?

일에 여유가 생기고, 하고 싶었던 일에 새롭게 도전해볼 수도 있습니다. 자기계발을 통해 업무 기술을 높여 연봉이 오를 수도 있지요. 시간은 당신에게 많은 자유와 선택지를 가져다줄 것입니다.

실제로 제게 정리법을 배운 학생들은 성적이 극적으로 올라 원하는 학교에 합격했습니다. 또 직장인은 업무효율이 높아져 야근을 하지 않고도 성과를 낼 수 있게 되었습니다.

이 책은 주변 정리 → 정보 정리 → 머릿속 정리의 흐름에 따라 여러분의 정리 능력을 높여줄 것입니다.

어렵게 생각할 필요는 없습니다. 이 책에 적힌 대로 따라 하기만 하면 되니까요. 어쩌면 너무 쉬워서 맥이 풀릴 수도 있습니다.

14일 만에 여러분의 고민이 깨끗이 해결된다면 그보다 멋진 일은 없겠지요.

여러분의 인생을 근사하게 바꿔줄 마법의 정리법, 오늘부터 꼭 시작해 보세요.

다카시마 미사토

【차례】

Day 1.
책상 정리

Day 2.
서류 정리

Day 5.
데이터 정리

Day 6.
정보를 클라우드에 정리하자

이 책을 더욱 효과적으로 활용하기 위해 중요한 것

주변 정리부터 시작해 정보 정리, 머릿속 정리까지 2주 만에 마스터하기 위해서 여러분이 익혀야 할 프로그램이 있습니다. 2주 동안만은 반드시 이 프로그램을 사용해주세요.

이 책에서는 구글이 제공하는 무료 서비스를 사용하여 정리하는 방법을 설명합니다. 메일은 지메일(Gmail), 클라우드 서버는 구글 드라이브, 캘린더는 구글 캘린더입니다.

구글 외에도 비슷한 서비스는 많으니 '어느 것을 선택해도 상관없겠지…'라고 생각하면 2주 만에 정리법을 마스터하기가 어렵습니다. (일단 이 책에서 설명하는 구글 서비스 방식에 익숙해지고 나면, 다양한 서비스를 활용해보고 본인에게 가장 적당한 서비스를 고르셔도 좋습니다.)

아직 수첩을 사용하는 독자들도 있겠지만, 이 책을 마스터하는 2주 동안만은 수첩이 아니라 구글 캘린더에 일정을 적어주세요. 회사에서 정해두고 쓰는 클라우드 서버가 따로 있을 수도 있겠지만, 이 책을 마스터하는 2주 동안만은 구글 드라이브를 사용하기를 바랍니다. 다른 서비스를 이용해 이 책에서 말하는 정리법을 실천하면 성과에 차이가 생길 수 있습니다. 반드시 구글 계정을 미리 만들어 주세요.

잘 정리하기 위해서는 여러 가지 도구를 섞어서 사용하지 말고 한 가지로 통일하는 것이 중요합니다. 여기에 최적화된 것이 구글 서비스입니다.

구글 서비스에는 마이크로소프트가 제공하는 워드나 엑셀과 동일한 기능을 가진 구글 문서와 스프레드시트라는 것이 있습니다. 이 책에서는 워드나 엑셀을 사용하지 않고 구글 서비스를 전제로 설명합니다. 이로써 시간을 훨씬 단축할 수 있습니다.

자, 그럼 첫 번째 레슨을 시작해 볼까요?

Day 1.

책상 정리

책상 위에 몇 종류의
물건이 있는가?

직장인에게 가장 중요한 업무공간은 사무실 책상이다. 정리를 한다면 가장 먼저 업무공간부터 정리하는 것이 당연하다. 어지러운 책상에서는 생각을 정리하기도 쉽지 않다.

먼저 자신의 책상 주변을 잘 둘러보자. 무엇이 있는가?

자신의 책상 위와 서랍 안에 있는 것들을 목록으로 만들어 그중 일상적으로 사용하는 것만 골라 보자. 이때 같은 물건은 한 종류로 묶어 총 몇 종류의 물건이 있는지 세어 보자. 예를 들어 펜이 여러 자루 있다면 모든 펜은 한 종류로 묶고, 포스트잇이 여러 개 있다면 색이나 모양이 다르더라도 모두 포스트잇이라는 이름으로 묶는다. 스마트폰이나 수첩처럼 하나밖에 없는 물건은 각각한 종류로 센다.

자, 총 몇 종류가 있는가? 혹시 수십 종류의 물건이 책상 주변과 서랍에 모여 있지 않은가?

이제 사용 빈도에 따라 순위를 매겨 보자. 매일 쓰는 것, 며칠에 한 번 쓰는 것, 일주일에 한 번 쓰는 것, 한 달에 한 번 쓰는 것 등.

한 번도 쓰지 않는 것은 당연히 그 자리에서 처분한다. 그리고 같은 것을 여러 개 갖고 있다면 하나만 남겨 둔다. 스테이플러가 두 개라거나 용도가 같은 케이블이 두 개씩 있다면 하나로 줄이자.

필요한 것은 20종류뿐!

이제 분류한 물건들을 20종류로 줄여보자. "20종류만 갖고도 일을 할 수 있을까?"라는 생각이 들 수 있다. 불안할지도 모른다. 하지만 잘 생각해 보자.

20종류로 줄이기 위해서는 사용 빈도가 낮은 물건부터 처리해야 한다. 한 달에 한 번 쓰는 물건까지 꼭 책상 위에 두어야 할까? 예를 들어 펀치를 월 1회 정도만 쓴다면 차라리 공유 공간에 두고 필요할 때마다 꺼내어 쓰는 편이 좋지 않을까?

나는 입시학원에서 정리법을 가르치면서 학생들에게 자주 사용하는 꼭 필요한 물건만 남기도록 했다. 그 결과 학생들이 남긴 물건은 대개 20개 전후였다. 학생은 직장인과 달리 공부에만 전념하면 되지만, 직장인은 그렇지 않기 때문에 모든 물품을 갖추고 있어야 한다고 생각할지 모른다.

그러나 공부든 일이든 취미든 정말 필요한 물건들을 정리해 보면 대개 20가지 이내로 정리된다. 그 이상 넘어가면 물건을 어디에 두었는지 파악하는 능력이 떨어지게 된다. 파악할 수 있는 것보다 많은 물건을 가지고 있으면 그때그때 떠올려 바로 쓸 수 있는 상태가 되지 못한다.

자주 사용하는 물건은 책상에 앉았을 때 곧바로 꺼낼 수 있도록 배치해 두어야 하는데, 그것이 어디에 있는지 파악하지 못한 상태에서는 물건을 찾는 데에 시간과 노력을 허비하게 된다. 게다가 20종류가 넘는 물건을 효율적으로 배치할 만한 장소를 확보하기도 쉽지 않다.

그러니 꼭 필요한 것만 빼고 불필요한 것들은 모두 정리하자. 자주 쓰는 물건을 20종류로 줄이기만 해도 당신의 업무 능률은 상당히 올라갈 것이다. 실제로 이렇게만 했는데도 한 달 뒤 입시학원생들의 성적이 평균 3점이나 올라갔다.

물건은 모두
서랍에 넣는다

자, 꽤 많은 물건이 정리되었을 것이다.

이제 이것들을 책상 위가 아니라 책상에 딸린 서랍 안에 모두 집어넣자.

'좋은 방법이 아니야! 자료가 든 파일 케이스는 이렇게 책상 위에 놓고 써야지'라고 생각하는 독자에게는 먼저 서류 정리 작업이 필요하다. 그러나 이것은 [Day 2. 서류 정리] 레슨에서 집중적으로 살펴볼 것이므로 지금은 일단 서랍에 넣을 때 알아두어야 할 세 가지 분류법만 기억하자.

책상 주변에 있는 물건은 크게 다음 세 가지로 분류한다.

첫 번째는 문구류다. 펜이나 스테이플러, 가위나 클립, 계산기 등이 이에 해당한다.

두 번째는 개인용품이다. 개인용 녹차 티백이나 과자, 핸드크림, 스마트폰 등이 포함된다.

세 번째는 서류 종류다. 책이나 잡지 등 모든 종이류가 여기에 들어간다.

회사에서 쓰는 서랍은 이것들을 세 종류로 나누어 넣기 좋게 마침 3단으로 되어 있다. 맨 위 서랍은 얕고, 가운데 서랍은 조금 깊고, 가장 아래 서랍은 가운데보다 훨씬 깊다(세 종류로 나누기에 꼭 맞는 깊이다). 그러므로 세 종류로 나누어 둔 물건들을 서랍의 각 칸에 넣으면 된다.

맨 위 서랍에는 문구류, 가운데 서랍에는 개인용품, 가장 아래 서랍에는 서류를 넣는다.

정리한 물건이 서랍에 다 넣지 못할 만큼 많다면 여전히 덜 줄인 것이다. 문구 마니아라면 검정펜이라도 여러 종류를 갖고 있을 수 있다. 하지만 반드시 자주 사용하는 물건들만 남겨 두자.

색깔 있는 펜이라면 색깔별로 하나씩, 포스트잇이라면 크기별로 하나씩만 남겨 용도별로 정리하면 쉽다. 이때 잉크가 새는 펜이나 사용하기 불편한 물건들은 새것으로 바꾸거나 처분하고, 바로 사용할 수 있는 물건들만 남기자.

책상 주변의 물건은 모두 서랍 안에 넣는다.

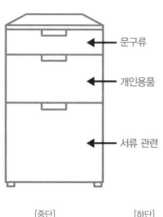

문구류

개인용품

서류 관련

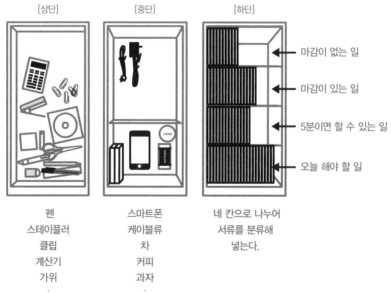

[상단]

[중단]

[하단]

마감이 없는 일

마감이 있는 일

5분이면 할 수 있는 일

오늘 해야 할 일

펜
스테이플러
클립
계산기
가위
⋮

스마트폰
케이블류
차
커피
과자
⋮

네 칸으로 나누어
서류를 분류해
넣는다.

찾는 물건이 어디에 있는지
바로 알 수 있도록 하자

서랍에 물건을 넣을 때는 가지런하고 깔끔하게 정리해야 한다. 여기서 중요한 것은 어디에 무엇이 있는지 잘 파악할 수 있도록 정리하는 것이다.

퍼즐처럼 빈틈없이 완벽하게 정리하라는 말이 아니다. 서랍을 뒤적이지 않아도 한눈에 물건을 찾을 수 있는 정도면 된다. 필요할 때 바로 물건을 찾을 수 있고, 물건을 다 쓴 뒤에도 정해진 위치에 돌려놓는다면 정리된 상태라고 할 수 있다.

물건의 위치가 한눈에 들어오는 것이 포인트이므로 아무리 가지런히 정리했다 하더라도 어딘가에 가려져 있어 한 번에 찾을 수 없다면 소용이 없다.

가끔 서랍 안에서 물건들이 이리저리 굴러다녀 물건의 위치가 바뀌는 경우도 있다. 이럴 때는 크기가 작은 물건이나 구르기 쉬운 물건들은 투명 상자 안에 넣어 보관하면 좋다.

반드시 비싼 정리용 문구를 살 필요는 없다. 투명한 상자나 파일 케이스는 저가 생활용품점에서 쉽게 구입할 수 있다.

이동용 세트를 만들자

그런데 사무용품을 반드시 책상에서만 쓰는 것은 아니다. 당신은 회의가 있어 자리를 옮기거나 외근을 나갈 때마다 펜이나 수첩, 명함 등을 찾느라 시간을 허비하지는 않는가? 아니면 꼭 무언가 하나씩 빠뜨리게 되지는 않는가?

자신의 책상에서 일할 때는 서랍만 열면 물건을 쉽게 꺼낼 수 있으니 문제가 없겠지만, 자리를 옮겨 일해야 할 경우 그때마다 서랍을 열어 필요한 것들을 챙기고, 돌아와서 다시 서랍 안에 정리해야 한다면 무척 번거로울 것이다.

그런데 생각해 보면 자리를 옮겨 일할 경우 챙겨야 할 물건은 늘 정해져 있다.

회의에서 사용할 펜과 노트, 계산할 일이 있다면 계산기, 외부에서 일정을 확인해야 한다면 수첩이나 스마트폰 등이다. 그렇다면 이런 물건들을 금세 챙겨 나갈 수 있도록 미리 세트를 만들어 두면 어떨까?

나의 경우 업무상 정기적으로 세미나에 참석하기 때문에 책상 한편에 세미나용 세트를 만들어 사인용 매직, 펜 몇 자루, 테이프,

스테이플러, 메모지, 명함 등을 그 안에 담아둔다.

세미나 당일이 되어도 이 세트만 가져가면 따로 필요한 물건을 준비하지 않아도 되기 때문에 무척 편리하다. 잊은 물건이 없는지 불안해하며 따로 체크리스트를 만들 필요도 없다. 이렇게 별도로 준비하지 않아도 되는 환경을 만드는 것이 중요하다.

자신의 상황에 맞게 자주 옮기며 사용하는 물건들은 세트로 정리해두자.

태블릿이나 노트북을 늘 가지고 다니는 사람은 케이스나 충전기를 세트로 만들어 두면 깜빡 잊고 외출한 뒤 곤란을 겪는 일은 없을 것이다.

이동용 세트를 만들 때의 비결은 내용물을 한눈에 알 수 있도록 투명한 파우치를 사용하는 것이다. 저가 생활용품점에서 살 수 있는 투명 파우치를 추천한다.

크기가 다양하니 자신이 갖고 다닐 물건의 크기에 맞춰 선택하고 어떤 용도를 위한 세트인지 라벨을 붙이면 훨씬 편리하다.

이동용 세트를 미리 만들어두자.

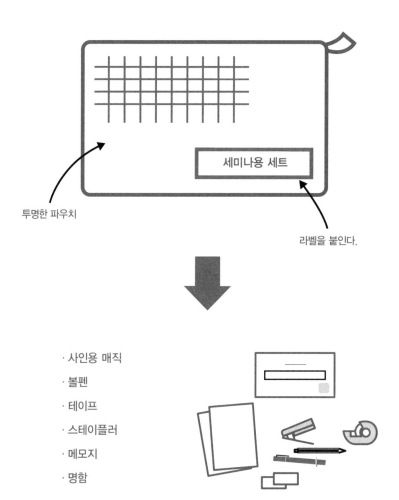

투명한 파우치

세미나용 세트

라벨을 붙인다.

· 사인용 매직
· 볼펜
· 테이프
· 스테이플러
· 메모지
· 명함

나와 팀을 위한
정리의 기본

지금까지 이야기한 정리법의 핵심은 우선 자신이 헤매지 않고 쉽게 일할 수 있는 환경을 만드는 것이다.

인간은 망각의 동물이니 투명 케이스나 파우치를 선택해 내용물이 잘 보이게 하자. 같은 파우치가 여러 개 있다면 라벨을 붙여 어떤 용도를 위한 파우치인지 구별하면 좋다.

이러한 방식은 자신의 책상을 정리할 때뿐 아니라 동료나 부서 전체와 공유하는 물건을 정리할 때에도 도움이 된다.

팀이나 부서 차원에서 함께 쓰는 물건 중 쓸 때마다 매번 여기저기를 뒤져야 하는 물건이 있지는 않은가? 이럴 때에는 그 물건의 자리를 정한 뒤 팀원 모두가 알 수 있도록 라벨을 붙이자.

이렇게 하면 자신도 필요할 때 한 번에 찾을 수 있고, 다른 사람이 사용한 뒤에도 그 자리에 돌려놓을 것이므로 필요할 때에 찾지 못해 곤란한 상황을 줄일 수 있다.

그런데 라벨을 붙인다 해도 얼핏 글씨를 알아보기 어려워 무엇이 들어 있는지 모를 경우도 있다. 이럴 때를 대비해 사진이나 그림을 활용하면 좋다. 예를 들어 케이블류를 정리한 서랍에는 '케

그림을 그리면 알아보기 쉽다.

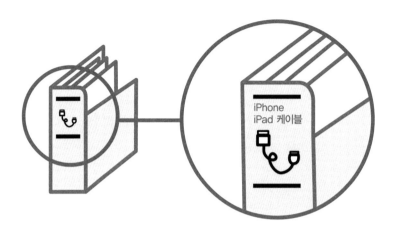

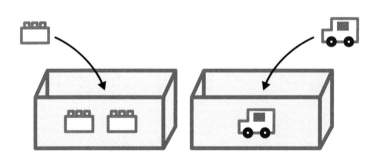

상자에 그림을 붙여놓으면 아이들도 쉽게 알아보고 정리할 수 있다.

이블류'라고 쓸 수도 있지만 케이블 그림을 그려 붙이면 훨씬 알아보기 쉽다.

유치원이나 초등학교에서 장난감 블록이나 교재를 종류별로 정리한 뒤 정리함 겉면에 그림을 붙여둔 것을 본 적이 있는가? 이렇게 하면 한 번 보고 바로 알 수 있기 때문에 물건을 쓴 뒤 원래의 장소로 돌려놓기에도 좋다.

아이뿐 아니라 어른도 문자보다는 그림을 쉽게 알아보기 때문에 이 방법에 금방 익숙해질 것이다.

어디에 무엇이 있는지 확실히 알 것, 꺼내어 쓴 뒤 바로 제자리에 돌려놓을 수 있는 환경을 만들 것. 이것이 1일째의 목표다.

이렇게만 해도 업무시간이 조금 줄어들 것이다. 같은 일을 반복하는 업무일수록 약간의 시간 단축이 큰 차이를 만든다.

이것으로 1일째 레슨을 마무리할까 한다.

첫날부터 조금 어려웠는지 모르지만, 이것을 확실하게 해내면 하루에 30분은 절약할 수 있을 것이다.

매일 10시 30분까지 야근을 하는 F씨.

30분 일찍 퇴근!

책상 주변을 정리하니

알게 모르게
업무효율
대폭 상승!!

Day 2.

서류 정리

서류 정리에도
기준이 있다

'자, 어제 책상을 말끔하게 정리했으니 이제 일을 시작해 볼까?' 라고 생각하며 산뜻한 기분으로 책상 앞에 앉은 당신. 그러나 곧 좌절한다. 업무에 당장 써야 할 서류들은 여전히 엉망진창으로 쌓여있기 때문이다. 그래서 오늘은 서류를 완벽하게 정리하는 방법을 알아볼까 한다.

나는 업무 대부분을 데이터로 확인하고, 내용을 주고받을 때에도 데이터를 이용하기 때문에 종이를 쓸 일이 거의 없다. 그러나 일반 기업에서 일하는 직장인들 중에는 여전히 서류를 기반으로 일하는 경우가 많다.

서류는 업무내용을 담은 종이이므로 서류를 분류하는 것은 곧 업무를 분류하는 것이다. 분류 방법은 여러 가지가 있지만 나는 종류별로 나누거나 사람이나 회사, 안건에 따라 나누는 방법은 추천하지 않는다. 그렇다면 무엇을 기준으로 나누어야 효과적일까?

바로 일정에 따라 나누는 것이다.

일정에 따라 4가지로 정리한다

해야 할 일을 일정별로 나누어 생각해 보자.

첫째, 오늘 안에 마쳐야 하는 일이 있다. 둘째, 오늘은 아니지만 마감이 정해진 일도 있다. 예를 들어 이번 주 안에 청구서를 보내야 한다거나 며칠까지 회의 자료를 제출해야 한다거나 월말까지는 반드시 경비 정산을 해야 하는 것 등이 이에 속한다.

그런가 하면 셋째, 마감은 없지만 해야 하는 일 또는 미리 할수록 좋은 일도 있다. 시장조사를 위해 인터넷 검색을 해야 하는 일 등이 여기에 속할 것이다.

마지막으로 5분이면 마칠 수 있는 사소한 일도 의외로 많다. 다음번 회의 장소를 예약한다든지, 거래처에 보낼 계약서를 출력

한다든지 또는 ○○사이트에 회원가입을 하는 일 등은 모두 금방 마칠 수 있는 일인 데다 서류도 필요 없어서 따로 적지 않고 머릿속으로만 기억하는 경우가 많다.

업종과 나의 역할에 따라 차이는 있을지라도 세상의 모든 일은 대개 이 네 가지로 분류할 수 있다. 그러므로 서류도 이에 따라 나누면 된다. 여기서 다시 한 번 네 가지 분류를 정리해 보자.

1. 오늘 해야 할 일
2. 5분이면 할 수 있는 일
3. 마감이 있는 일
4. 마감이 없는 일

이 분류에 맞춰 파일 케이스도 네 가지를 준비하자. 겉면에 라벨을 붙이고 1번 케이스부터 나와 가까운 자리에 순서대로 꽂는다. 그리고 갖고 있는 서류를 이 네 개의 파일 안에 정리한다.

〈오늘 해야 할 일〉 케이스는 매일 비우자

〈오늘 해야 할 일〉 케이스에 넣은 서류는 말 그대로 반드시 오늘 안에 마쳐야 한다.

이 케이스에 넣은 서류는 오늘이 지나면 내 손을 떠나야 정상이다. 그러므로 퇴근 무렵이면 이 케이스가 텅 빌 것이다. 다시 말해 이 케이스가 텅 빌 때까지는 퇴근을 하면 안 된다. 이 케이스가 가득 차면 근무 시간 안에 마치지 못할 수 있으므로 수시로 확인해야 한다.

케이스 안에 서류를 넣을 때 넣는 순서는 신경 쓰지 않아도 된다. 안건을 받는 대로 케이스 안에 던져 넣기만 하면 된다. 어찌 됐든 오늘 안에 마칠 것이므로 순서대로 정리하는 것은 의미가 없다.

또 오늘 안에 마무리해야 하는 일이 아니더라도 급한 일이나 바로 피드백을 해야 하는 일도 이 케이스 안에 정리한다. 여기에 모인 서류는 반드시 오늘 안에 처리한다는 자세를 철저히 하자.

〈마감이 있는 일〉은 마감일까지 생각하지 말자

다음으로 〈마감이 있는 일〉 케이스에 넣은 서류는 일단 오늘은 생각하지 않아도 괜찮다. 대신 마감일을 구글 캘린더에 입력해 두었다가 처리해야 하는 날이 다가왔을 때 확실히 처리하자.

마감일에 맞춰 일을 마친 뒤 서류를 제출하고 나면 서류는 자동적으로 내 손을 떠난 상태가 된다. 이런 경우가 아니더라도 업무를 마친 뒤에는 관련 서류를 버리고, 남겨야 하는 내용은 데이터로 보관한다. 이렇게 하면 업무를 끝냄과 동시에 서류도 없어지므로 케이스에 서류가 넘치는 일이 없다.

〈오늘 해야 할 일〉과 달리 이 케이스에는 'ㅇ일에 처리', 'ㅇ일에 반드시 확인' 등 마감일을 알 수 있도록 파일 겉면에 표시해두면 좋다. 이렇게 하면 필요한 서류를 바로 꺼낼 수 있다.

그렇다고 일일이 기한마다 구분을 지어 재정렬하거나 날짜순으로 정리할 필요까지는 없다.

이 케이스에 넣은 서류의 마감일은 구글 캘린더에 입력할 것이므로 마감일이 되기 전까지는 잊어도 괜찮다. 마감일까지는 잊는다는 것이 중요한 포인트이니 기억해 두자.

마감이 다가올 때마다 모든 서류를 일일이 기억해야 한다면 머릿속이 복잡해져 정작 기억해야 할 중요한 것들을 놓치게 된다. 이를 막기 위해 일정별로 업무를 나누고 구글 캘린더에 마감일을 입력하는 것이다.

또 순서대로 정리하거나 더 세밀한 항목으로 나누는 작업은 업무를 더 복잡하게 만들고 시간도 오래 걸리므로 불필요하다.

마감일이 있는 서류를 정리할 때, 예를 들어 '5일까지 제출해야 하는 기획서'는 마감일 이틀 전인 '3일에 해야 할 일'이라고 적는다. 상사나 거래처가 요구한 실제 마감일이 아니라 스스로 정한 마감일을 기재하는 것이다.

스스로 설정한 마감일을 실제 마감일보다 적어도 이틀 앞당겨 정하면, 자신이 정한 마감일에 기획서를 작성해보고 다음 날 수정하고 당일 제출하기 30분 전에 다시 한 번 볼 수 있다.

업무 처리 시간을 확보할 수 있을 뿐 아니라 수정할 시간도 충분하므로, 마감에 아슬아슬하게 맞춘 기획서보다 실수가 적고 완성도를 높일 수 있다. 이러한 업무 습관을 들이면 상사나 거래처의 평가는 자연히 따라올 것이다.

〈마감이 없는 일〉은 한꺼번에 모아두자

정해진 마감일이 없어서 아무 때나 처리해도 되는 업무, 급하지 않은 안건은 모두 〈마감이 없는 일〉 케이스에 정리한다.

마감이 있는 일은 〈오늘 해야 할 일〉 케이스 안에 넣거나 구글 캘린더에 입력해 둔 뒤 〈마감이 있는 일〉 케이스 안에 넣으면 되므로 그 외의 모든 서류를 이 케이스에 모아 두면 된다.

매일 처리하는 서류 중 어느 케이스에 넣어야 할지 모르는 것들도 이 기준에 따라 그 자리에서 판단해 정리한다. 그 자리에서 바로바로 처리하는 습관을 들이면 서류가 쌓이지 않는다.

한 번 서류를 네 가지로 분류해 두면 나중에는 기계적으로 파일 케이스를 찾아 넣기만 하면 되므로, 시간을 들여 일일이 생각하지 않아도 된다. 처음에는 업무를 분류하느라 하루가 다 갈지도 모르지만, 그 뒤에는 매일 서류함을 뒤적이지 않고도 말끔한 책상에서 작업할 수 있다.

그런데 마감이 없는 서류는 케이스에 던져둔 채 까맣게 잊는 경우가 많다. 물론 필요 없는 것들은 그 자리에서 버리거나 데이터화하겠지만, 그래도 어느 정도 시간이 지나면 케이스가 가득 차기 마련이다.

　그러므로 3개월에 한 번 반나절 이상의 시간을 들여 이 케이스를 정리하는 것이 좋다. 구글 캘린더에 3개월마다 정기적으로 정리 일정을 잡아 두자. 그 전까지는 이 케이스를 생각하지 않아도 괜찮다. 서류를 넣는 순서도, 종류도, 용도도 신경 쓰지 말고 그저 모아두기만 하자.

〈5분이면 할 수 있는 일〉 리스트를 만들자

　마지막으로 〈5분이면 할 수 있는 일〉 케이스 정리하는 방법을 살펴보자. 여기에 정리할 일은 아주 짧은 시간 안에 마칠 수 있는 것들이라 굳이 케이스에 정리할 것 없이 그 자리에서 마칠 수도 있다.

　예를 들어 발송할 계약서나 반송할 서류 등은 당연히 이 케이스에 넣고, 종이로 된 것이 아니라면 그것들을 리스트로 작성해 한 장짜리 서류를 만든다. 사소한 일이라 일일이 적을 필요 없다고 생각할지 몰라도 막상 적어보면 열 가지가 넘을 수도 있다.

〈5분이면 할 수 있는 일〉이라고 이름을 정하기는 했지만, 정확히 5분 안에 끝난다는 말이 아니라 '비교적 짧은 시간 안에 끝낼 수 있는 일'을 뜻하므로 실제로는 1~2분에 끝낼 수도 있고 15분이 걸릴 수도 있다. 이 업무 리스트를 한 장짜리 서류로 만든 뒤 케이스 맨 앞쪽에 넣는다.

앞에서 종이를 되도록 줄이자고 말한 것과 달리 이 장에서는 한 장짜리 서류를 만들자고 했는데, 여기에는 이유가 있다. 이 서류 한 장이 틈틈이 할 수 있는 사소한 일들을 한눈에 파악하도록 해주기 때문이다.

보통은 수첩에 TO DO LIST를 적거나 책상 위나 컴퓨터 모니터 옆에 포스트잇으로 붙여 놓는 경우가 많은데, 이렇게 하면 때마다 수첩이나 포스트잇, 스마트폰, 컴퓨터 등을 찾아봐야 한다. 이렇게 하면 시간 낭비가 많을 뿐 아니라 해야 할 일을 빠뜨리는 경우도 생긴다. 그렇다고 사소한 일이니 적지 않아도 된다고 생각하면 일일이 기억하느라 머릿속이 복잡해진다.

어딘가에 적어 두면 아무리 작은 일이라도 놓치지 않을 수 있고, 모든 일을 다 기억하지 않아도 된다. 말하자면 '얼마나 잊어버릴 수 있는가?'가 머릿속을 깨끗하게 정리하는 비결이다. 그리고 여유시간이 생길 때마다 틈틈이 〈5분이면 할 수 있는 일〉 리스트를 보고 순서대로 처리하면 된다. 리스트만 확인하면 따로 찾거나 생각할 것 없이 금세 처리할 수 있다. 일일이 기억하는 것도 방법이 되겠지만, 그보다는 머릿속을 깨끗하게 정리하여 업무효율을 높이는 편이 좋다. 적고 잊어버리자!

〈5분이면 할 수 있는 일〉은 틈틈이 한다

〈5분이면 할 수 있는 일〉은 하면 금방 할 수 있지만 굳이 오늘 하지 않아도 되는 일, 30분 이상 시간이 걸리지 않는 일이 대부분이다.

5분 안에 할 수 있는 일이라도 반드시 오늘 마쳐야 하는 일이라면 이 리스트에 적지 말고 〈오늘 해야 할 일〉 케이스에 넣자. 또 리스트에 적기 전에 끝내는 편이 빠르다면 그 자리에서 해치우자.

그러므로 케이스 안에는 짧게는 며칠, 길게는 한 달 정도 그대로 두어도 괜찮은 일들만 모여야 한다.

예를 들어 ○○씨에게 계약서 보내기, 다음번 회의실 예약하기, 복사용지 주문하기 등 긴급하지는 않지만 조만간 처리할 일, 또는 금방 할 수 있지만 번거로워서 나중으로 미루게 되는 일이 이 케이스에 모일 것이다.

중요도가 높은 일은 곧바로 처리하는 것이 당연하다. 그러나 안건마다 더 중요하고 덜 중요한 일이 있으므로 리스트를 만들 때에는 중요도를 높음, 중간, 낮음으로 나누어 한눈에 파악할 수 있게 하면 좋다.

마감이 있는 일은 그 옆에 날짜도 함께 적는다. 예를 들어 '다음번 회의실 예약하기'의 경우 언제까지 예약해야 하는지 그 날짜를 적는 것이다.

그러나 모든 용건을 발생한 순서대로 적거나 마감일 순서대로 일일이 정리할 필요는 없다. 리스트에 마감일을 적을 것이기 때문에 리스트를 보는 순간 곧바로 순서를 정할 수 있다. 중요도가 높은 일부터 순서대로 처리하는 것이 기본이지만, 중요도가 높은 일이 많아서 그날 안에 다 마치지 못할 경우에는 그중에서도 가장 중요한 일이나 마감이 급한 일을 먼저 처리하면 된다. 그리고 다 마친 일에는 선을 그어 아직 남은 일과 구분이 되도록 한다.

주의할 점은 마감이 있고 30분 이상 걸리는 일은 이 리스트가 아니라 〈마감이 있는 일〉 케이스에 넣고, 구글 캘린더에 기록해두어야 한다는 점이다.

30분 안에 끝낼 수 있는 일은 굳이 캘린더에 적지 않아도 되지

[5분이면 할 수 있는 일] 리스트

	중요도	마감일
• ○○ 씨에게 계약서 보내기	높음	
• 복사용지 주문하기		
• ○○ 씨와 미팅일정 잡기	중간	
• ○○에 대한 자료 찾기	높음	
• 회의실 예약하기		3/16
• 이번 달 안에 ○○에 회원등록하기	낮음	3/31
⋮		

만 자칫 잊어버릴 수도 있다. 이를 막기 위해 리스트를 작성하는 것이다. 다만 리스트를 작성할 때 업무 처리에 걸리는 시간까지 일일이 정하지 말고, 시간 나는 대로 틈틈이 처리하는 편이 좋다. 틈틈이 해도 다 끝내지 못한 일은 다음 날로 넘긴다. 하다 보면 서서히 처리 속도가 빨라질 것이다.

여기까지 2일째 레슨을 마친다. 책상 주변 정리가 어느 정도 끝났으니 내일부터는 본격적으로 업무효율을 한 단계 높여 보자.

F씨, 일정별로 업무를 정리해
해야 할 일이 분명해졌다.

업무시간이 30분이나 단축되어
9시 30분에 퇴근하게 되었다.

Day 3.

종이를
데이터로 만들기

서류는 데이터로
보관하자

2일째에 서류 정리 방법을 배웠으니 이제 책상이 깨끗해지겠구나 싶겠지만, 실제로 이틀 만에 책상이 깔끔해진 사람은 없을 것이다.

왜냐하면, 거의 모든 직장인들이 네 가지 케이스에 다 들어가지 않을 만큼 많은 서류와 잡지, 책들을 쌓아 놓고 일하기 때문이다.

그러나 요즘은 컴퓨터로 일하는 것이 당연한 시대다. 데이터를 갖고 있다면 종이로 된 서류는 굳이 보관하지 않아도 된다는 의식이 널리 퍼져있다.

물론 아직 제출하지 않은 신청서나 견적서처럼 아직 종이 서류가 필요한 경우도 있다. 그러나 이마저도 제출하는 순간 내 손을 떠나므로 정리하고 말 것도 없다.

문제는 회의 일정표나 자료, 거래처에서 받은 팸플릿, 상사나 부하 또는 외부에서 받은 확인용 서류, 나중에 참고하려고 모아 둔 신문·잡지 기사, 회의 때 적어 둔 메모지 등 당장 필요가 없는 것들까지도 좀처럼 버리지 못한다는 것이다.

보관하지 않아도 되는 서류는 2일째에 모두 버렸어야 맞다. 여전히 버리지 못한 서류들이 산더미처럼 쌓여 있다면, 그중 대다수는 필요 없는 것일 가능성이 크다.

이 장에서는 서류들을 모두 데이터로 만든 뒤 대담하게 버리는 방법을 실천해보자.

명함은 모두 버려도 된다

서류를 정리하기에 앞서 직장인의 필수품인 명함부터 정리해보자.

아마 1일째에 서랍 정리법을 배울 때, 이리저리 돌아다니는 명함을 보고서도 정리할 공간이 없다며 그대로 둔 사람이 많을 것이다.

특히 영업부처럼 명함을 주고받을 일이 많은 부서에서 일한다면 어마어마한 양의 명함을 넣을 공간이 없어 곤란할 수도 있다.

그래도 괜찮다. 명함은 모두 데이터로 만든 뒤 버리면 된다.

'아니, 명함을 모두 버리라고? 정리한 뒤에 필요 없는 것만 버리는 것이 아니라 모두 버리라고?' 하며 불안해할지도 모른다.

하지만 잘 생각해 보자. 명함의 역할은 만난 사람의 연락처를 확인하는 것이다. 그러므로 필요한 정보를 얻었으면 종이 자체는 없어도 문제가 되지 않는다.

요즘은 명함을 그대로 읽어 데이터로 만들어주는 스캐너나 애플리케이션도 많다. 이러한 애플리케이션을 사용하면 명함 정보가 그대로 텍스트로 저장되어 검색도 할 수 있다.

이를 활용하면 종이 명함을 일일이 찾지 않아도 검색만 하면 연락처를 알 수 있고, 메일을 보낼 때도 시간을 허비하지 않게 된다. 어디서나 접근할 수 있는 클라우드 서버에 명함 데이터를 보관하면 밖에서도 바로 확인할 수 있다. 종이로 보관하는 것보다 훨씬 유용하다.

한 번 모든 명함을 데이터로 만들어 두면 나중에는 명함을 받을 때마다 스캐너나 애플리케이션에 넣기만 하면 되므로 편리하다. 하지만 처음에는 많은 양의 명함을 데이터로 변환하는 작업이 힘들 수도 있다. 이럴 때는 명함을 대신 데이터화해주는 서비스를 이용하는 것도 방법이다.

데이터를 올리고 수정하는 것을 귀찮아하는 사람들도 있는데, 어차피 명함을 준 사람 중 실제로 연락하는 사람들은 정해져 있다. 그러니 자주 거래하는 사람들의 명함만 데이터로 등록해 두어도 좋다.

스마트폰으로 촬영만 하면 데이터 완성

종이 명함을 모두 버렸다면 이제 다른 서류들도 정리해보자.

2일째에 〈마감이 없는 일〉 케이스에 분류한 것들은 3개월 간격으로 정리하라고 말한 것을 기억할 것이다. 한 번 정리해 두면 3개월 후에나 들춰봐도 되므로 편리하지만, 처음에는 여기에 넣을 서류조차 정리되지 않은 상태일 것이므로 일단 여기에 넣을 서류부터 정리, 데이터화해보자.

먼저 팸플릿은 모두 버린다. 요즘은 홈페이지를 보면 팸플릿에 실린 정보를 모두 알 수 있다. 혹시 팸플릿에만 나와 있는 정보가 있다면 그것만 저장해 두면 된다.

그 외의 서류들은 나중에 참고할 필요가 있는지, 앞으로 쓸 자료인지를 판단해 그렇지 않은 것은 모두 버리고 남은 것만 데이터로 만들어 보관한다.

종이를 데이터화할 때는 PDF로 스캔하는 방법이 가장 일반적이다. 그러나 스캔 과정이 번거로워 끝까지 종이를 고수하거나, 주변에 스캐너가 없어 계속 종이로 보관하는 경우도 있다. 이럴 경우에는 스마트폰으로 필요한 부분만 사진을 찍어두면 된다. 스마트폰을 사용하면 어디서든 데이터화할 수 있고 시간도 적게 든다.

나중에 참고하기 위해 모아둔 책이나 자료들도 대부분은 일부분만 필요한 경우가 많다. 필요한 부분만 사진으로 찍어 클라우드 서버에 등록한 뒤 자료의 내용과 날짜, 사용 목적 등을 알 수 있도록 데이터 이름을 지정하면 일일이 자료를 들춰보지 않아도 된다.

과거 직장인들은 매일 아침 신문을 보며 관심 있는 기사나 필요한 정보가 나오면 일일이 오려 스크랩북에 붙였다. 지금은 이것을 디지털로 할 수 있다. 내게 필요한 부분만 따로 이미지로 저장하는 것이다. 종이를 잘라붙이는 수고도 없고 시간도 훨씬 절약할 수 있다.

중요한 정보는
텍스트로 저장한다

이렇게 사진을 찍어 이미지화하면 시간은 절약되지만 검색하기에 조금 어려울 수도 있다.

데이터로 만드는 이유는 종이를 줄여 주변을 깨끗하게 정리하기 위한 것도 있지만, 정보가 필요할 때 곧바로 찾아 쓸 수 있도록 하는 것이 핵심이다. 그러니 정말 필요한 정보는 텍스트화해서 검색하기 쉽도록 보관하자.

나는 늘 중요한 정보는 구글이 제공하는 스프레드시트에 입력한다. 직장인이라면 업무 중 엑셀을 자주 사용할 것이다. 엑셀과 사용 방법이 같은 스프레드시트를 사용해 내게 필요한 정보를 카테고리별로 나누어 기록하자.

예를 들어 소프트웨어의 시리얼넘버를 적은 종이가 있을 때 이를 스프레드시트에 옮기면 종이를 따로 보관하지 않아도 된다. 나중에 추가할 것이 있으면 해당 데이터를 열어 입력하기만 하면 된다.

자신이 맡은 직무에 따라 매월 예산과 실적을 기록하거나, 영업부 직원이라면 거래처에서 받은 요청 사항을 정리하는 등 중요한 정보만을 서너 개의 탭에 정리해 두면 좋다.

정보가 어디에 있는지 알기 쉽게 정리하면 그 데이터 내에서 검색만 해보면 필요한 내용을 찾을 수 있다. 회의 중이나 외부에 있을 때에도 참고할 수 있으므로, 필요할 때마다 종이를 꺼내는 것보다 편리하다.

그 자리에서 바로 정리하는 것이 비결

지금까지 살펴본 서류 정리법을 정리하면 이렇다.

1. 바로 버린다.
2. 스캐너나 카메라로 데이터화한다.
3. 스프레드시트에 기록한다.

이렇게 정리하면 종이 서류는 더 이상 필요가 없게 되고 서랍이나 파일 케이스에 여유가 생긴다. 이때 비결은 서류를 모아 두었다가 한꺼번에 정리하는 것보다 서류가 생겼을 때 바로 정리하는 것이다.

처음에는 시간이 걸릴지 몰라도 이 과정을 반복하다 보면 그 자리에서 바로바로 처리하는 편이 나중에 정리하는 것보다 훨씬 효율적이라는 사실을 알게 된다. 하지만 그 전까지는 일단 〈마감이 없는 일〉 케이스에 서류를 넣어 두어도 괜찮다. 그리고 〈마감이 없는 일〉에 넣은 서류도 3개월에 한 번씩 이러한 방법으로 정리하자. 반나절 정도 시간 여유가 있다면 세 가지 단계를 완벽하게 마칠 수 있다.

습관이 되면 이 케이스에 서류가 쌓이는 일은 없을 것이다. 그렇게 되면 정리하는 시간도 절약되고 정보를 곧바로 활용할 수 있는 상태가 된다. 이렇게 정보를 처리하는 속도가 빨라지면 언제든 활용할 수 있으므로 일이 술술 진행된다.

책상을 깨끗하게 정리해 쾌적한 환경에서 일하는 것도 중요하지만, 직장인으로서 정보 처리 능력을 높인다는 점에서도 서류 정리 노하우는 꼭 필요하다.

이것으로 3일째 레슨을 마친다. 지금까지의 레슨으로 책상 주변 정리는 끝났다. 내일부터는 쓸데없는 것들이 사라진 말끔한 책상에서 쾌적하게 일을 시작해 보자.

F씨, 아이디어의 원천인 데이터를 정리하니
계속 새로운 아이디어가 떠오른다.

회의 때마다
참신한 아이디어를
제안해 팀원들을
놀라게 하는 F씨!

Day 4.

시간 정리

캘린더에
시간을 정리한다

3일째까지 눈에 보이는 작업 환경을 깨끗이 정리했다. 하지만 아직 끝난 것이 아니다. 주변을 정리할 때 가장 중요한 것이 아직 남아 있다. 바로 시간 정리다.

서류를 정리할 때 일정에 따라 네 가지로 분류하는 방법을 배웠다. 분류 방법은 여러 가지가 있지만 업무에서 가장 중요한 것은 일정이다. 그러므로 일정에 맞춰 분류하는 방법이 가장 효율적이다.

그런데 눈에 보이는 서류들만 일정대로 분류하고 내 머릿속은 뒤죽박죽이라면 순조롭게 업무에 임하기 어렵다.

이것을 도와주는 것이 일정표 관리다. 수첩을 애용하는 사람도 많은데, 나는 구글 캘린더를 권한다. 구글 캘린더를 활용하면 컴퓨터나 스마트폰으로도 바로 확인할 수 있고, 정기적인 일정을 일일이 입력하지 않아도 될 뿐 아니라 일정을 조율하는 것도 간편하다. 그러니 업무와 관련된 일은 모두 구글 캘린더에 입력하도록 하자.

그리고 여기에 입력한 뒤에는 당일까지 완전히 잊어도 좋다. 머릿속을 깨끗이 정리하자는 것이 구글 캘린더를 사용하는 첫 번째 목적이다.

캘린더의 의미는 '시간 배정'

구글 캘린더를 사용하는 목적이 한 가지 더 있다. 바로 일을 해야 할 때를 알려주는 것이다.

캘린더에는 일정을 적는 기능만 있는 것이 아니다. 구글 캘린더에는 30분 이상 시간이 걸리는 모든 일을 적을 수 있다. 이 기능을 활용해 일정을 적는 것에 그치지 않고, 해야 할 일에 따라 시간을 배정하는 표를 만들 수 있다.

학창 시절에는 시간표에 따라 할 일이 정해져 있었다. 국어 시간, 수학 시간 등 정해진 시간표에 맞춰 과목을 바꿔가며 방대한 학습 분량을 소화했다. 시간표가 없었다면 불가능했을 것이다.

직장인에게는 시간표가 없으니 자신의 업무시간표를 구글 캘린더로 직접 만들자. 그리고 시간표에 따라 일하자. 기획서 작성, 경비 정산 등 시간표에 따라 순서대로 일하기만 하면 어느새 하루 일과가 끝나 있을 것이다.

업무를 파악해야 시간도 줄일 수 있다

여기서 핵심은 정해진 시간에는 정해진 업무에만 집중해야 한다는 것이다. 그 일 말고도 해야 할 일이 여러 가지 있더라도 일단은 생각하지 말자. 국어 시간에 수학 공부를 해서는 공부를 잘할 수 없다.

이와 마찬가지로 업무도 정해진 시간에 정해진 업무내용에만 집중해 시간 안에 마치도록 한다. 일하는 도중 자꾸 다른 일이 끼어들면 아무리 시간이 많아도 제때에 마치기 어렵다. '시간 안에 일을 마치지 못하면 야근을 하면 되지', '집에 가져가서 하면 되지'라는 생각은 버리자.

할당된 시간 안에 일을 마치지 못했더라도 정해진 시간이 지나면 하던 일을 접고 다음 할 일을 꺼내야 한다. 그렇지 않으면 마음이 느슨해져 점점 시간표를 지키지 않게 되기 때문이다. 그렇게 되지 않도록 정해진 시간을 유념하고 제때 업무를 마치는 습관을 들이자.

습관이 되면 시간 내에 반드시 마쳐야 한다는 의식이 생겨 자연히 집중력이 높아진다. 또 다른 생각을 하지 않게 되어 업무 속도도 빨라진다.

그래도 시간표를 지키기 어렵다고 느끼는 사람은 아마도 자신의 업무 속도를 정확히 파악하지 못했을 가능성이 크다. 업무에 걸리는 시간을 계산하는 것은 직장인에게는 필수다. 그러므로 우선 업무에 걸리는 시간부터 계산할 줄 알아야 한다.

세상 모든 일에는 대개 마감이 정해져 있다. 업무를 받았을 때 그 자리에서 '시간과 노력이 얼마나 들 테니 며칠까지 마치면 되겠다'는 견적을 내지 못한다면 덜컥 일을 받으면 안 된다.

소요 시간 계산에 서툰 이유는 자신의 업무를 파악하지 못했기 때문이다. 자신의 업무를 제대로 파악하고 계산할 수 있는 상태여야 시간도 잘 관리할 수 있다.

마감일보다 조금이라도 일찍 마친다

자, 지금까지 조금 엄격하게 말했는데, 사실 처음부터 업무 소요 시간을 정확하게 파악하고 시간표대로 일정을 척척 소화하는 사람은 많지 않다.

그러므로 처음 시간표를 짤 때는 자신이 예상한 시간보다 2배가 더 걸린다고 생각하고 일정을 짜면 좋다. 한 시간이면 할 수 있을 것 같은 일에는 두 시간을 할당하고, 30분이면 할 수 있을 것 같은 일에는 한 시간을 할당하는 것이다. 실제로 업무를 해 보고 시간이 남으면 다음번에는 실제 소요 시간에 맞게 시간표를 짜면 된다.

그러나 시간표상 두 시간이라고 되어 있으니 그 안에만 마치면 된다는 생각으로 빈둥빈둥 일하는 것은 절대 금물이다. 정해진 시간을 단축하겠다는 의식이 늘 있어야 한다. 처음에는 두 시간 안에 끝내는 것이 목표였다가 이를 달성했으면 다음에는 5분이라도 일찍 끝내는 것을 목표로 잡고 점점 업무 소요 시간을 줄여나가야 한다.

일정과 일정 사이에 남는 시간이 생기면 〈5분이면 할 수 있는 일〉케이스에 있는 일을 처리하자. 일을 30분 이상 빨리 끝냈다면 그만큼 다른 일을 할 수 있는 시간이 생긴다. 이것이 점점 쌓이면 할 수 있는 일이 더 많아진다.

열 가지 일정을 각각 5분씩만 일찍 마쳐도 총 50분의 여유시간 이 생긴다. 그러니 어제보다 1~2분이라도 일찍 마칠 수 있도록 매 일 게임을 즐기는 마음으로 시간을 단축해보자.

이렇게 꾸준히 노력하면 두 시간 걸릴 일을 한 시간 안에 끝내 는 날이 올 것이다.

무엇이든 캘린더에 입력하면 OK

다음으로 캘린더에 일을 어떻게 분배할지 구체적으로 살펴보 자. 서류를 케이스별로 분류하면서 바로바로 캘린더에 입력하면 좋다.

우선 〈오늘 해야 할 일〉케이스에 넣은 서류는 당연히 오늘 일 정에 입력한다. 그리고 〈마감이 있는 일〉케이스에 넣은 서류는 반드시 캘린더에 마감일을 입력한다. 예를 들어 이번 주 금요일까지 제출해야 하는 기획서가 있다면 실제 마감일보다 이틀 앞선 날짜인 수요일에 '기획서 작성'이라는 일정을 2시간 잡는다. 그리고 실제 마감일인 금요일에는 '기획서 수정 및 제출'이라는 일정으로 30분을 잡은 뒤 서류에 라벨을 붙여 마감일을 표시하고 〈마감이 있는 일〉 케이스에 넣는다. 캘린더에 일정을 잡아두지 않고 서류만 분류하면 날짜를 일일이 기억하지 못해 마감일을 넘길 확률이 높으므로, 반드시 업무마다 언제 처리할 것인지 시간을 배정해 캘린더에 입력해두어야 한다.

인간은 망각의 동물이다. 그 날 반드시 해야 하는 일도 몇 분만 지나면 열 가지 중 두세 가지는 잊어버린다. 하물며 '이번 주 중에 해야 할 일' 몇 가지쯤 까맣게 잊는 일은 다반사다. 마감일에 쫓겨 일을 계획한 대로 처리하지 못한 경험은 누구나 있을 것이다. 그러니 어떤 일을 하든 먼저 시간을 배정한 뒤 캘린더에 입력하는 습관을 들이자.

캘린더에 할 일을 입력했으면 이제 잊어도 된다. 그만큼 머릿속 기억 공간이 넓어지므로 다른 일에 집중할 수 있다. 실제로 실수를 하거나 집중하지 못하는 원인은 이것저것 쓸데없는 것들을 기억하느라 머릿속이 복잡하기 때문이다.

마감일이 언제인지, 오늘은 어떤 일을 할지 기록해 두면 일일이 기억하지 않아도 된다. 쓸데없는 일을 줄여야 업무효율이 높아진다.

'일일이 적지 않아도 서류를 보면 다 아는데 뭘', '하나하나 입력하기 귀찮아'라고 생각하지 말고 일단 캘린더에 할 일을 전부 입력해보자. 얼핏 수고스럽게 느껴질지 모르지만 몇 번의 수고가 머릿속의 쓸데없는 요소들을 없애 작업 속도를 높여주고 실수를 줄여준다.

시간표는 오늘 할 일을 확실히 소화할 수 있도록 짜자

이제부터는 캘린더를 열어 오늘의 시간표를 짜는 것으로 하루를 시작하는 구체적인 방법을 살펴보자.

〈마감이 있는 일〉 케이스에 들어 있는 서류 외에도 〈오늘 해야 할 일〉 중에서 30분 이상 걸리는 일은 모두 캘린더에 적는다.

그러나 실제로 일을 하다 보면 전화가 올 때마다 그때그때 응대해야 하고, 상사나 부하로부터 갑자기 부탁을 받거나 뜻밖의 문제가 발생해 예정에 없던 시간이 소요되기도 한다.

그러니 일정을 너무 빡빡하게 잡지 말고 일정과 일정 사이에 30분 정도 여유시간을 두자. 그래도 일정을 지키기 어려운 경우에는 일정을 조율해 시간표를 다시 짜면 된다.

다만, 무슨 일이 있어도 오늘 안에 끝내야 하는 일이 있다면 아무리 시간이 걸려도 다 마친 뒤에 퇴근하도록 한다. 오늘 해야 할 일은 반드시 오늘 안에 끝낸다. 다 못하면 내일 하면 된다는 안일한 생각은 버리고 어떻게 하면 더 효율적으로 시간을 활용할지에 열정을 쏟자.

30분 이상 걸리는 일만 적으라고 하는 이유는 대부분의 캘린더는 30분 단위로 일정을 입력할 수 있기 때문이다.

시간을 빈틈없이 활용하는 방법은 [Day 11. 틈새시간 활용] 레슨에서 다시 배우겠지만, 빈 시간이 있다고 멍하니 손을 놓고 있으면 안 된다.

오늘 안에 반드시 마쳐야 하는 일이라도 30분이 안 걸리는 일은 틈새시간이나 일정 사이사이의 빈 시간에 처리해야 한다.

문의 메일에 답장을 보내거나, 의뢰받은 확인 사항을 체크하거나, 서류를 버리거나 데이터화하는 등 5분 안에 마칠 수 있는 일은 이러한 자투리 시간에 바로바로 처리한다.

사소한 일정까지
보이는 구조를 만들자

〈5분이면 할 수 있는 일〉은 틈새시간에 처리하는 것이 기본이지만, 이런 일이 열 가지, 스무 가지씩 모이면 이것을 처리하는 데에도 꽤 많은 시간이 든다.

일단 습관이 되면 하루의 일정을 충분히 소화할 수 있지만, 처음에는 시간표를 지키느라 여념이 없어 여유시간 따위는 생각도 못 할 것이다. 이런 경우에는 몇 분이면 할 수 있는 일을 열 가지쯤 모아 두었다가 시간을 따로 배정해 캘린더에 적는다.

집중해서 해야 하는 일은 되도록 방해받지 않는 시간에 하는 게 좋지만, 〈5분이면 할 수 있는 일〉은 틈새시간을 활용하여 재빨리 처리하면 좋다.

그리고 오늘 중에 해야 하는 사소한 일은 기본적으로 곧바로 처리하여 리스트에 적지 않도록 한다. 그러나 금방 처리할 수 있는 사소한 일 중에서도 당장 할 수 없는 일은 잊지 않기 위해 캘린더에 적는다. 이때 시간은 따로 배정하지 말고 캘린더에서 확인할 수 있을 정도로만 표시해 두자.

구글 캘린더에서 '할 일 목록' 기능을 이용하면 시간을 배정하지 않고 리스트를 만들 수 있다. 이렇게 입력한 일은 하루 일정의 맨 위에 잘 보이도록 표시된다. 그러므로 이 표시를 보고 시간이 빌 때마다 순서대로 하나씩 처리하면 된다. 또는 매일 아침 시간 30분을 할애해 〈5분이면 할 수 있는 일〉을 몇 가지씩 처리하는 것도 방법이다.

일상적으로 반복되는 업무 중에도 30분 이상 걸리는 업무가 있을 수 있다. 매월 말에는 정산을 한다든지, 20일에는 청구서를 제출하는 등 5~10분 정도로는 처리할 수 없지만 마감일이 정해져 있는 일상적인 업무는 '반복' 설정을 하고 반복 종료일을 정해두면 일일이 캘린더에 적을 필요가 없어 간편하다.

캘린더만으로 할 일 파악하기

지금까지 캘린더에서 일정을 관리하는 방법을 설명했다. 포인트를 요약하면 아래의 세 가지다.

1. 할 일은 모두 캘린더에 적고 잊는다.

2. 업무에 걸리는 시간을 파악하고 매일 시간표를 짠다.

3. 시간표에 따라 일하고 점점 소요 시간을 줄여나간다.

이 세 가지만 지키면 시간을 잘 관리할 수 있다. 시간을 관리한다는 것은 자신의 업무를 파악할 수 있다는 것이다. 이는 일 잘하는 사람이 되기 위한 전제조건이다. 이렇게 하면 업무 속도가 빨라질 뿐 아니라 정해진 시간에 집중할 수 있고, 업무의 질이 높아지며 실수가 줄어든다.

사람에 따라서는 메모장을 함께 사용하거나 별도의 업무 관리 애플리케이션 등을 사용할 수도 있는데, 무엇이든 한 번 보면 바로 알 수 있게 하는 것이 핵심이다. 그런 의미에서 구글 캘린더에 모든 정보를 모아 놓고, 쓸데없는 툴이나 메모를 중복해서 사용하지 않는 편이 효율성 면에서 좋다.

머릿속 정리를 위해서는 매일 준비가 중요하다

자, 이것으로 4일째 레슨이 끝났다. 나흘 만에 책상 주변이 정리되어 작업할 때 바로 움직일 수 있는 환경이 만들어졌을 것이다. 그리고 매일 캘린더를 보기만 해도 곧바로 일에 착수할 수 있어 시간도 머리도 상당히 정리되었을 것이다.

그렇다고 해도 사실 아직은 준비 단계에 지나지 않는다. 아직까지는 극적인 변화가 느껴지지 않을 수도 있다.

머리를 더 말끔하게 정리해 효율적으로 업무를 처리하여 부가가치를 만들어내는 인재가 되어야 한다. 당신의 가치가 비약적으로 올라가는 것은 이 단계에서다.

그래도 지금까지의 레슨을 습관화하면 이 단계까지 순조롭게 나아갈 수 있다. 처음에는 효과가 느껴지지 않더라도 매일 반복하여 주변을 정리하자. 하나하나 제대로 습관이 되면 그것만으로도 첫날보다 두 시간은 단축할 수 있을 것이다.

그만큼 당신이 할 수 있는 일이 다른 사람보다 몇 배는 많아질 것이며, 분명한 점은 매일 이렇게 훈련하는 것만으로도 당신의 가치가 확실히 올라간다는 사실이다.

늘 무언가를 찾고 수많은 서류에 파묻혀 지내며 일에 쫓기는 생활에서 벗어나면, 상사나 거래처의 평가도 올라가 승진에 도움이 되거나 큰 프로젝트를 지휘하게 될지도 모른다. 쓸데없는 야근도 줄고 자유로운 시간에 책을 읽거나 학교에 다니는 등 그동안 하고 싶었던 일을 할 수 있는 환경이 만들어진다.

내가 입시학원에서 학생들을 가르치던 시절에는 구글 서비스가 없었기 때문에 내가 직접 만든 수첩을 사용해 학생들에게 시간 정리법을 가르쳤다. 그렇게만 해도 3개월 만에 학생들의 성적이 상당히 올랐다.

지금은 편리하게 시간을 아낄 수 있는 도구가 많으므로 2주만 투자하면 효과를 볼 수 있다. 언제 어디서나 확인할 수 있고 수정도 간편한 구글 캘린더를 반드시 내 편으로 만들어 두기를.

Day 5.

데이터 정리

책상도 데이터도
정리가 기본

　오늘부터 나흘 동안은 디지털 데이터를 정리하는 방법에 대해 배워보자. '데이터 정리가 별거 있겠어? 책상과 시간 정리면 충분하지'라고 생각할지 모르지만 그렇지 않다. 요즘은 거의 모든 업무를 컴퓨터로 처리한다. 메일로 용건을 주고받고, 서류도 디지털 데이터로 보관한다. 그러므로 정리를 잘하려면 데이터 정리는 필수다. 데이터를 정리하면 업무 속도도 빨라진다.

　디지털 데이터가 편리한 이유는 검색을 할 수 있기 때문이다. 굳이 정리를 하지 않아도 검색은 할 수 있지 않느냐고 생각하면 착각이다. 데이터를 정리하지 않으면 아무리 검색을 해도 원하는 결과물을 찾기 어렵다. 더욱이 검색하지 않아도 한눈에 알 수 있는 상태가 되면 일일이 찾는 수고까지도 덜 수 있다.

책상 주변과 마찬가지로 데이터도 정리가 필요하다. 혹시 책상이 좀 지저분해 보여도 물건이 어디에 있는지 모두 알고 있으니 정리할 필요 없다고 생각하지는 않는가? 그러나 필요 없는 물건들은 버리고 한눈에 들어오게 정리하면 찾는 시간과 수고가 줄어 일을 빨리 처리할 수 있다. 데이터도 마찬가지다.

직장인에게 컴퓨터는 작업대와 같다. 실제 책상 주변을 정리했다면 이제 디지털 책상도 정리해 보자.

모든 데이터를 클라우드화한다

많은 직장인들이 데이터를 자신의 컴퓨터에 저장한다. 그러나 이는 업무효율 측면에서는 도움이 되지 않는다. 데이터는 모두 클라우드에 저장하는 편이 좋다. 갖고 있는 단말기나 장소에 상관없이 일 할 수 있는 상태를 만들 수 있기 때문이다.

예를 들어 여러분이 해외로 출장을 갔다고 해 보자. 그런데 갑자기 상사에게 연락이 왔다. 지난 번 제안서 제출시 빠진 서류가 있었다는 것이다. 그런데 필요한 데이터는 내 컴퓨터 안에 있다. 그렇다고 "제 컴퓨터를 켜고 직접 찾아보세요"라고 할 수도 없다. 왜냐하면, 데이터를 정리하지 않아 파일이 어디에 있는지 본인도 기억나지 않기 때문이다.

만약 데이터가 가지런히 정리된 상태로 클라우드에 저장되어 있다면, 해외에서도 클라우드에 접속해 그 자리에서 문제를 해결할 수 있다. 당연히 회사로부터도 인정을 받아 인사고과에 도움이 될 것이다. 이것이 데이터를 클라우드에 정리해야 하는 이유다.

워드나 엑셀, 텍스트 파일은 모두 구글 문서나 구글 스프레드시트에 옮긴 뒤 버리자. 이렇게 하면 파일이라는 개념이 사라지고 데이터만 남는다. 완벽한 클라우드 활용법은 [Day 6. 정보를 클라우드에 정리하자] 레슨에서 배울 것이므로, 오늘은 그 준비 단계로 컴퓨터 안의 데이터를 정리하는 방법을 살펴보자.

규칙에 따라 폴더를 만든다

자, 데이터 정리를 시작하기 전에 먼저 내 컴퓨터 안에 어떤 데이터가 많은지 잘 살펴보자. 업무내용에 따라 데이터의 종류나 용도가 다르므로 분류 방법도 다르다.

먼저 내가 자주 사용하는 파일이나 업무내용에 따라 카테고리를 나눈다. 우선 큰 카테고리를 정하고 그 아래에 작은 카테고리들을 만들어 파일을 폴더 안에 분류한다.

예를 들어 영업부라면 큰 카테고리로 '서류', '거래처', '프로젝트'를 만든다. '서류' 카테고리 안에는 견적서, 주문서, 영수증 폴더를, '거래처' 카테고리에는 각 거래처별 폴더를, '프로젝트' 카테고리 안에는 각 프로젝트의 제목이나 상품 이름을 폴더로 만든다.

가장 큰 카테고리를 어설프게 나누면 머릿속 정리도 잘 되지 않는다. 처음에는 어려울지 모르지만 일을 하면서 고쳐나가면 되므로 우선 큰 카테고리 만들기부터 시작해 보자.

파일을 정리한다고 했는데도 금세 뒤죽박죽이 되어버리고 파일과 폴더가 점점 늘어나 관리하기가 힘들다고 하는 분들도 있는데, 이런 경우는 애초에 카테고리를 잘못 분류했기 때문이다. 되도록 단순하게, 되도록 파일 수를 줄이려 노력하면서 여러 차례 시행착오를 거쳐야 나에게 최적화된 분류법을 발견할 수 있다.

그리고 폴더 이름이나 파일 이름을 붙일 때도 자신만의 규칙을 정하자. 파일명은 검색하기 쉽고 찾기 쉬워야 한다.

예를 들어 '지난번 회의에서 나왔던 안건이 뭐였더라?' 하고 생각이 나지 않을 때 해당 폴더에 들어가면 바로 찾을 수 있도록 만들어야 한다. 그렇게 하면 여기저기 뒤지지 않고 쉽게 참고할 수 있기 때문에 시간도 단축되고 스트레스도 줄어든다.

파일 이름에는 검색 키워드를 모두 포함시킨다

폴더와 마찬가지로 파일을 정리할 때도 어떻게 하면 쉽게 검색할 수 있을지를 생각해야 한다.

폴더명은 그 안에 어떤 서류가 들어 있는지 한눈에 알 수 있도록 업무의 목적이나 종류로 붙이면 되고, 파일명은 검색에 걸릴 만한 구체적인 키워드로 붙이면 편리하다.

그렇다면 어떤 키워드가 검색이 잘 될까?

주로 날짜를 붙이는 경우가 많은데 날짜가 생각나지 않으면 검색할 수 없다. 안건 이름이나 회의록, 견적서 등 서류의 목적을 키워드로 정하는 것도 좋지만, 이렇게 하면 오직 그 서류만 검색되기 때문에 참고할 만한 다른 서류는 찾을 수 없다. 그런가 하면 거래처 이름이나 이벤트 장소, 회사명, 인명 등을 파일명으로 쓸수도 있지만, 이 경우 찾는 데 시간이 많이 든다.

그렇다면 파일명을 어떻게 붙여야 효율적일까? 나는 어떤 단어로 검색해도 찾을 수 있도록 단서가 될 만한 모든 정보를 적는 방법을 추천한다.

예를 들어 어떤 회의에서 상사가 지시한 내용이 떠오르지 않아 회의록을 찾아야 하는 경우, 회의 날짜와 장소, 상사의 이름 등 기억에 남아 있는 모든 정보를 파일이름으로 저장한다. 이렇게 하면 상사의 이름으로 검색하든, 회의 장소로 검색하든 틀림없이 찾을 수 있다.

내 경우 이 책과 관련된 미팅을 할 때 적은 메모를 구글 문서로 작성해 구글 드라이브 회의록 폴더에 보관했다. '20131207카도카와출판사책내용미팅아리아케'처럼 날짜와 회사명, 목적, 미팅 장소를 파일명으로 저장했다. 또 문서의 맨 위에도 날짜와 장소, 참가한 사람의 이름, 회의 제목을 적는다.

이렇게 하면 미팅했던 날짜를 알 경우 날짜로 검색하면 되고, 날짜가 생각나지 않으면 '카도카와출판사'라는 키워드로 검색하면 된다. 아무것도 생각나지 않을 때는 구글 캘린더에 미팅 날짜와 참가자 이름이 적혀 있을 것이므로 검색 키워드의 힌트를 얻

폴더와 파일의 정리 사례

대분류 (폴더)

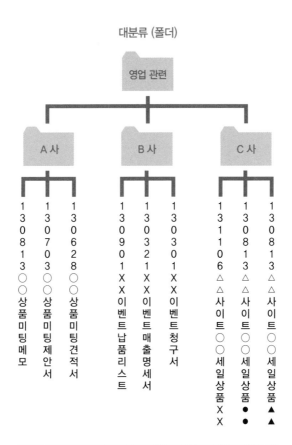

영업 관련

A 사   B 사   C 사

130813○○상품미팅메모

130703○○상품미팅제안서

130628○○상품미팅견적서

130901XX이벤트납품리스트

130321XX이벤트매출명세서

130301XX이벤트청구서

131106△△사이트○○세일상품XX

130813△△사이트○○세일상품●●

130813△△사이트○○세일상품▲▲

날짜, 상품, 용건, 장소, 인명 등의 순으로
검색할 만한 모든 키워드를 파일명으로 저장한다.

을 수 있다.

날짜 외에도 자신이 생각한 키워드를 파일명으로 저장하면 더욱 검색하기가 쉽다. 나름대로 규칙을 정해 검색에 도움이 될 만한 항목들을 순서대로 나열해 파일명으로 만들어 보자. 단, 날짜 항목은 반드시 맨 처음에 넣는 등 항목 순서를 일정하게 정해 나열하는 편이 좋다.

진행 중인 파일은 보관하지 않아도 된다

비슷한 파일이 여러 개 있어서 분간하기 어렵다는 분들도 있는데, 업무내용이 갱신될 때마다 새로 생기는 파일을 일일이 보관할 필요는 없다.

진행 중인 프로젝트에서는 서류 내용을 수정한 뒤 '○월 ○일 버전'이라고 저장하기도 하고, 파일명 뒤에 2, 3, 4 등 숫자를 붙여 최신 파일을 구분하는 경우가 많다.

그러나 꼭 필요해서 보관하는 것이면 몰라도, 내용이 갱신될 때마다 모든 파일을 일일이 보관하는 것은 불필요한 작업일 뿐 아니라 나중에 검색을 할 때도 방해가 된다.

진행 중 갱신되는 파일은 그때그때 확인했다면 일일이 보관하지 않아도 된다. 프로젝트가 끝난 뒤에 중간 과정의 서류가 모두 필요한 경우는 거의 없기 때문이다.

그래서 나는 중간 과정의 파일은 보관하지 않는다. 수정을 해야 하는 서류는 구글 문서나 스프레드시트에 옮긴 뒤 상대와 공유한다. 그렇게 하면 메일에 따로 첨부하는 수고도 덜 수 있고 보관할 필요도 없다.

또 첨부파일을 전송받은 파일명 그대로 보관하는 것도 좋지 않다. 구글 문서나 스프레드시트에 옮겨 놓았다면 자신만의 규칙에 따라 날짜, 안건명 등 검색하기 쉬운 파일명으로 변경한 뒤 폴더에 넣는다. 이 한 번의 수고면 시간이 지나도 어떤 파일이든 모두 파악할 수 있는 상태가 되므로 언제라도 손쉽게 찾을 수 있다.

정리할 수 없는 파일은 〈일단〉 폴더에 보관한다

3일째 레슨에서 서류를 데이터화하는 방법을 배울 때, 보관하기 어려운 것은 스캔하거나 스마트폰으로 사진을 찍으라고 한 말을 기억할 것이다. 데이터를 처음 정리할 때나 정리하다 시간이 없을 때는 일단 데이터화한 파일을 그냥 쌓아둘 수밖에 없다.

오늘 레슨에서는 파일을 보관할 때 기본적으로 폴더를 카테고리별로 분류하고 하위 폴더에 파일을 저장하는 방법을 추천했지만, 시간이 없을 때나 파일이 너무 많아 보관하기 어려운 때는 하나하나 분류하기가 어렵다. 그렇다고 바탕화면에 지저분하게 나열하거나 대충 아무 폴더에나 넣으면 나중에 찾기가 어렵다.

이런 파일을 위해 〈일단〉이라는 폴더를 만든다.(이름은 다르게 지어도 된다.) 말 그대로 임시보관 폴더다. 분류하지 못한 파일들을 잠시 보관하기 위해 만든 폴더이므로 이 안에 넣은 일들은 나중에 해당하는 폴더로 다시 옮겨야 한다.

그리고 1주일에 한 번 '일단 폴더 정리'라는 일정을 구글 캘린더에 등록하자. 시간은 이 폴더 안에 넣은 파일의 수에 따라 설정하면 되는데 대략 1시간 정도면 될 것이다.

〈일단〉 폴더에 보관할 때 주의할 점은 아무리 시간이 없더라도 파일명만큼은 규칙에 따라 적는 것을 잊지 말자.

이것으로 5일째 레슨을 마친다. 이제 책상과 더불어 컴퓨터도 한눈에 알아볼 수 있는 상태가 되었을 것이다.

F씨, 데이터를 말끔히 정리하니 업무시간이 30분이나 줄었다!

Day 6.

정보를 클라우드에
정리하자

모든 정보를
데이터화한다는 것

5일째 레슨에서는 보관하고 있는 파일이나 양이 늘어난 데이터들을 정리하는 방법을 배웠다.

그러나 그 전에 중요한 것이 한 가지 더 있다. 바로 다양한 형태의 자료를 언제든 사용할 수 있도록 데이터로 만드는 것이다.

예를 들어 3일째에 종이를 모두 데이터화하라고 한 말을 기억할 것이다. 종이로 보관하면 필요할 때마다 어디에 보관했는지 뒤져야 하고, 그래도 찾지 못하면 정보를 활용할 수 없어 업무를 진행하지 못한다. 이렇게 되면 찾아야 하는 수고가 들뿐 아니라 사무실 밖에서는 확인할 수 없어 불편하다.

그래서 나는 필요한 정보를 원할 때 바로 사용하기 위해 종이를 데이터로 보관하는 방법을 추천한다. 데이터화한다는 것은 3일째 레슨에서 설명한 것처럼 종이가 차지하는 공간을 줄여 주변을 깨끗하게 정리한다는 의미도 있지만 "언제든 바로 사용할 수 있는 상태"를 만든다는 의미도 크다. 그러므로 모든 정보를 데이터화하여 클라우드에 보관하는 것이 무척 중요하다.

가장 좋은 보관 장소는 클라우드

옛날에는 중요한 정보를 보관하는 가장 훌륭한 방법이 종이에 기록하는 것이었다. 그래서 증서나 계약서, 명세서, 회원증 등 중요한 확인 사항은 종이로 만들어 소중하게 보관하는 경우가 많았다.

그러나 최근 10년 사이 세상이 크게 달라졌다. 이제는 거의 모든 정보를 종이가 아니라 데이터로 보관하는 환경이 되었다.

게다가 데이터 보관 장소는 자신의 컴퓨터가 아니라 인터넷만 연결되면 어디서든 접근할 수 있는 '클라우드'라는 거대 서버를 활용하는 쪽으로 점점 옮겨가고 있다.

데이터는 컴퓨터가 고장이 나면 확인할 수 없어 불안하므로 역시 종이로 보관하는 것이 낫다는 생각은 옛날에는 일리가 있었지만, 클라우드 서버가 보급된 지금은 해묵은 사고방식이 되었다.

지금 우리가 사용하는 구글 드라이브나 드롭박스 등은 전 세계에 수억 명의 회원을 보유한 거대 서버로, 수많은 기업이 사용하고 있다.

컴퓨터를 사용하여 업무를 하는 이상 예상치 못한 고장이나 데이터 소실 가능성을 늘 생각하게 되는데, 종이 역시 화재나 분실의 가능성을 안고 있다는 점에서 불안하기는 마찬가지다.

이렇게 불안해하기보다 세계 최고 수준을 갖춘 클라우드 서버에 데이터를 보관하는 것이 더 마음이 놓일 것이다.

그래도 걱정이 된다면 클라우드 서비스가 여러 종류 나와 있으니 구글 드라이브뿐 아니라 드롭박스나 아이클라우드 등 여러 클라우드를 조금씩 사용해 보자.

기업에서는 부서나 회사 차원에서 공유하는 서버를 의무적으로 사용해야 할 수도 있지만, 그래도 자신에게 꼭 필요한 데이터만큼은 클라우드에 보관하도록 하자.

그렇게 하면 외부에 나갔을 때나 집에서 일해야 할 경우에도 필요한 파일에 접근할 수 있다. 보안 기능을 잘 설정하면 외부인이 접근할 수 없도록 할 수 있으니 파일이 노출될 걱정은 하지 않아도 된다.

파일도 작성할 수 있는
구글 드라이브를 추천한다

5일째 레슨에서는 가지고 있는 데이터들을 정리했다. 만약 이 데이터들이 컴퓨터에 보관되어 있다면 당장 클라우드에 옮기고 앞으로는 클라우드에 보관하도록 하자.

일정관리 프로그램으로 구글 캘린더를 추천했는데, 최근에는 구글 드라이브를 사용하는 사람도 많아졌다. 이것저것 여러 서비스를 사용하면 번거로울 수 있으니 구글 계정 비밀번호만 암기해 두고 앞으로는 구글에서 모든 것을 해결해보자.

무엇보다 구글 드라이브를 추천하는 가장 큰 이유는 워드처럼 문서를 작성할 수 있는 구글 문서, 엑셀처럼 표를 만들 수 있는 스프레드시트를 무료로 사용할 수 있다는 점이다.

이 두 프로그램을 사용하면 일일이 다른 소프트웨어를 깔고 파일을 작성할 필요도 없다. 구글 드라이브 하나면 파일 작성부터 저장까지 완벽하게 마칠 수 있다.

용량도 15GB까지 무료로 사용할 수 있고 파일을 공유할 수도 있어 여러 명이 함께 하는 작업에도 적합하다. 구글 드라이브를 사용하면 업무내용이 갱신될 때마다 파일이 늘어나 다시 정리해야 하는 불편함도 사라진다.

아직은 워드나 엑셀 파일이 널리 쓰이고 있지만, 몇 년 뒤에는 클라우드로 일하고 구글 문서나 스프레드시트를 쓰는 것이 보편화될 것이다. 그렇게 되면 메일에 일일이 첨부파일을 보낼 필요 없이 구글 드라이브에서 공유하기 기능을 이용하면 간단히 처리할 수 있다.

필요할 때 아이디와 비밀번호를 잊지 않기 위해

이번엔 '데이터 상태가 아닌 것을 모두 데이터화'하는 작업을 한 단계 더 진행해보자.

3일째 레슨에서 "중요한 정보는 스프레드시트에 기록한다"라고 했는데, 일단 이렇게 스프레드시트에 기록해 두어야 하는 정보가 더 없는지 정리해보자. 스프레드시트나 문서는 당연히 구글 드라이브 상에 카테고리화한 뒤 폴더를 만들어 정리해야 한다.

소프트웨어의 시리얼넘버, 각종 아이디와 비밀번호 등 잃어버리면 안 되는 중요한 정보도 낱장의 종이에 적어 따로따로 보관하지 말고 하나의 스프레드시트에 잘 분류해 정리하자.

또 은행 계좌번호나 회원번호 등도 수첩이나 종이가 아니라 구글 드라이브의 스프레드시트에 입력한다. 이렇게 하면 스마트폰에서도 번호를 확인할 수 있으므로 여러 장의 회원카드나 통장을 갖고 다니지 않아도 된다. 지갑에 회원카드가 잔뜩 들어있다면 지갑 안이 정리되지 않은 상태인 것이다.

웹에서 다양한 서비스가 제공되는 오늘날은 회원카드를 사용하기보다 온라인상의 등록정보로 회원정보를 확인하는 경우가 압도적으로 많다.

등록을 했어도 시간이 지나면 아이디나 비밀번호를 잊는 경우도 많다. 등록정보가 도저히 생각나지 않아 틀린 비밀번호를 자꾸 누르면 최악에는 회원등록을 다시 해야 하는 상황에 처하기도 한다. 이는 시간과 수고의 낭비일 뿐 아니라 등록처 입장에서도 곤란한 일이다.

이를 앞서 말한 스프레드시트에 입력하고 개인정보가 노출되지 않도록 잘 관리하자. 등록한 사이트의 URL, 아이디, 비밀번호를 하나하나 정확하게 입력한 뒤, 그 뒤에는 회원가입을 할 때마다 그때그때 정보를 추가하자.

이렇게 하면 온라인쇼핑을 하거나 회원전용 사이트를 이용할 때 비밀번호를 잊어버렸더라도 금세 찾을 수 있게 된다. 시간 낭비가 줄고 작업 효율이 높아지는 것은 말할 것도 없다.

클라우드에 모아두기만 해도 버리는 시간이 준다

이렇게 잊어버리면 안 되는 중요한 정보가 있다면 종이에 썼든 메일에 적었든 모두 스프레드시트를 만든 뒤 종류별로 나누어 정리한다.

처음에 스프레드시트에 모으는 과정이 힘들 수도 있지만, 한 번 정리해 두면 나중에 정보를 갱신하거나 추가할 때 파일을 열어 추가 사항만 입력하면 되기 때문에 편리하다.

한 번만 수고를 들이면 필요한 정보를 찾느라 낭비되는 시간이 사라져 스마트폰에서든 컴퓨터에서든 최단 시간에 원하는 정보를 찾을 수 있다.

은행 계좌번호를 확인하기 위해 집에 돌아가야 하거나 회원번호를 입력하려고 매번 회원증을 꺼내야 한다면 번거로울뿐만 아니라 시간을 낭비하게 된다. 이렇게 낭비되는 시간의 효율성을 생각하면 스프레드시트에 한 번 입력하는 수고가 아깝지 않을 것이다.

모든 것을 클라우드에 보관하면 효율성이 대폭 증가한다.

데스크톱과 노트북, 회사 컴퓨터와 집 컴퓨터를 번갈아 사용할 때 일일이 새로운 파일을 만들지 말고 클라우드를 이용하면 업무 내용이 하나의 파일로 통합되어 무척 편리하다. 구글 문서나 스프레드시트는 단순히 파일이 아니라, 파일을 줄여 정리정돈까지 할 수 있게 해주는 도구다.

이렇게 하면 메일에 첨부하거나 USB 등에 데이터를 옮겨 작업할 필요도 없다. 게다가 컴퓨터가 고장이 나도 클라우드에 올려두면 파일을 손쉽게 복구할 수 있다.

새 컴퓨터로 바꾼 경우에도 과거에는 데이터를 옮기는 데에만 오랜 시간이 걸렸지만, 클라우드를 이용하면 어떤 컴퓨터에서도 즉시 일에 착수할 수 있다.

요즘처럼 카페나 도서관, 세미나 등 때와 장소를 가리지 않고 업무를 보는 시대에는 클라우드에 데이터를 보관하기만 해도 업무가 수월해져 낭비하는 시간이 줄어든다.

내가 일하는 회사는 직원들의 업무가 외근 중심으로 진행되는데, 데이터를 클라우드에 올림으로써 직원이 어디에 있든, 어떤 컴퓨터를 사용하든 때와 장소에 상관없이 일이 생기면 바로 업무에 착수할 수 있다. 이것이 직원 2명일 때부터 연간 20억 원 이상의 매출을 올릴 수 있었던 비결이다.

그럼 이것으로 6일째의 레슨을 마칠까 한다.

여기저기 흩어져 있던 정보를 모아 클라우드화함으로써 일이 생겼을 때 즉시 대응할 수 있고, 중요한 정보를 언제든 확인할 수 있는 환경을 만들자.

F씨는 데이터를 클라우드화하여
컴퓨터를 깨끗하게 정리한 뒤부터
업무시간이 하루에 한 시간씩 줄었다.

7시 30분에 퇴근할 수 있게 되었고,
일이 조금 남았을 때는 집에서나
퇴근길에 스마트폰으로 처리한다.

이 방법을 동료들에게 가르쳐주는
리더십을 발휘하다!!

Day 7.

한눈에 보이는
색인을 만들자

색인을 만들면
보이지 않던 데이터가 보인다

클라우드에 데이터를 정리하고 중요한 정보를 담아 두는 것만으로도 업무효율이 향상된다. 그러나 효율을 한층 더 높이기 위해 준비해야 할 것이 또 있다. 바로 색인이다.

색인이라고 하면 '책 맨 뒤에 항목별로 참고 페이지를 적어 놓은 것 아닌가?' 하고 생각하겠지만, 온라인 데이터에도 인덱스라 불리는 색인이 있다.

웹사이트의 구조를 한눈에 보여주는 사이트맵도 인덱스에 해당한다. 이를 자신의 데이터 관리에 적용할 수 있다.

'내 데이터는 내가 보면 알아', '굳이 그런 것까지 만들지 않아도 돼'라고 생각하는가? '책이나 웹페이지를 만드는 것도 아닌데 굳이 복잡하게 색인까지 만들 필요가 있나?'라고 의구심을 가질 수도 있다.

하지만 데이터를 관리하다 보면 폴더 안에 여러 개의 폴더가 있고, 그 안에 또 여러 개의 파일이 있는 경우가 대부분이다. 폴더를 단계별로 만들어 바로바로 정리할 수 있는 것이 데이터의 장점이기는 하지만, 첫 번째 단계의 폴더만 봐서는 그 안에 어떤 데이터가 있는지 바로 알기 어렵다. 그래서 색인이 필요하다.

색인을 만들면 어디에 무엇이 들어있는지 폴더를 열지 않아도 알 수 있다.

스프레드시트에 폴더 내용을 정리하자

예를 들어 폴더를 '마케팅', '영업 관련' 등의 업무별 폴더 또는 '○○연락회의', '세미나' 등의 행사별 폴더 등으로 나누어 그 안에 관련 파일을 정리했다고 하자.

이때 파일은 더 세분화된 카테고리로 나누어져 있을 것이다. 마케팅이라는 폴더 안에는 보고서, 판촉프로모션 등이나 업무별로 세분화하여 상품별, 서비스별로 파일을 만들었을 수도 있다.

자신에게 필요한 파일이 어느 폴더 안에 들어있는지 검색해서 찾을 수도 있지만, 어떤 카테고리가 그 폴더 안에 들어있는지를 보여주는 색인을 만들면 따로 검색하지 않고도 파악할 수 있게 된다.

상품별이라면 각 상품의 이름 등 폴더의 내용을 알 수 있게 해 주는 항목을 스프레드시트의 각 셀에 입력한다. 그리고 해당 자료 를 바로 볼 수 있도록 URL도 함께 입력한다. URL은 구글 드라이 브에서 '링크 삽입' 기능을 사용해 복사하고 붙여넣기 할 수 있다.

이렇게 하면 폴더를 일일이 열어보지 않아도 색인 스프레드시 트에서 원하는 폴더나 파일의 링크를 클릭하기만 하면 바로 접근 할 수 있다.

데이터도 물건도 제자리를 적는 것이 중요하다

데이터를 분류할 때는 규칙을 정하고 그에 따라 폴더를 만드 는 것이 좋다. 색인을 만들어서 자신이 데이터를 어떻게 정리하고 있는지가 파악되면 점점 자신의 분류 방법에 대한 기준이 생기고, 정리할 때마다 자연스럽게 규칙을 의식하게 될 것이다.

규칙이 만들어졌으면 데이터도 제자리에 정리하자. 물건을 정리할 때의 비결은 반드시 제자리에 놓는 것이다. 그리고 제자리를 정했다면 그것을 알 수 있도록 표시를 해 두면 좋다.

독특하고 다양한 비즈니스 방식으로 유명한 도요타에서는 생산성을 향상하기 위해 물건을 정리할 때 제자리를 반드시 명시하는 것이 기본이라고 한다. 그래서 무엇이 어디에 있는지를 물건 바로 옆에 표시한다고 한다.

예를 들어, 파일 케이스에 '취급4'라고 제목을 쓰고 '비디오카메라 1~6, 프로젝트 1~2…' 등 그 안에 들어있는 것들을 상세하게 적어 라벨로 붙이는 것이다.

이렇게 종이에 써서 붙이거나 선반에 스티커를 붙임으로써 '보지 않아도 보이는' 환경을 만드는 것이다. 그저 물건을 보관하기만 해서는 보려고 해도 보이지 않게 되어 정해진 장소 따위는 금방 잊히기 마련이다.

데이터 색인도 마찬가지다. 어디에 어떤 데이터가 있는지 일목요연한 상태를 만들면 데이터를 정리할 때에도 꺼낼 때에도 헤매지 않게 된다. 또 데이터 외에 자신이 갖고 있는 물건의 위치를 스프레드시트에 적어 두면 좋다.

'○○보증서는 여기', '○○열쇠는 저기'하는 식으로 일람을 만들면 필요할 때 바로 찾을 수 있다.

공유데이터도 정리해 색인을 만들자

색인을 만든다는 것은 자신뿐 아니라 누가 봐도 어디에 무엇이 있는지 알 수 있게 해주는 장점이 있다.

지금은 서버에서 데이터를 공유하며 일을 하는 것이 당연한 시대다. 그러므로 데이터를 관리할 때 나만 알면 된다는 사고방식은 좋지 않다. 누가 봐도 어떤 폴더에 어떤 데이터가 들어있는지 일목요연한 상태가 되어야 한다.

같은 팀이나 회사에서 서버로 데이터를 공유할 때, 각자 자신의 판단에 따라 폴더를 만들거나 파일을 넣어 공유데이터가 뒤죽박죽된 경험이 있을 것이다. 나는 안다고 해도 다른 사람은 어디에 무엇이 있는지 알 수 없어 일일이 폴더를 열어 보며 찾아야 하므로 일의 효율이 떨어지는 것은 당연하다.

이런 경우에는 다른 사람이 하는 일이니 나와는 상관없다고 생각하지 말고 솔선수범하여 데이터를 정리하자. 폴더에 쉬운 이름을 붙이고, 규칙을 만들어 해당하는 파일을 저장하고 색인을 만들자.

그렇게 하면 부서나 회사의 다른 사람도 규칙을 쉽게 알 수 있어 데이터를 저장하거나 찾을 때 헤매지 않게 된다.

폴더를 정리하고 싶어도 다들 바빠 여유가 없어 뒤죽박죽인 상태를 그대로 두고 있다면 당신이 나서서 폴더를 정리하고 색인을 만들어 보자. 회사가 당신을 보는 눈이 달라질 것이다.

사용해야 할 데이터를 찾아 헤매거나 다른 사람에게 물어볼 필요가 없으니 업무시간을 아낄 수 있어 내게도 좋다.

공유데이터를 정리하면 회사에 공헌할 수 있다

공유데이터를 정리하면 쓸데없는 파일이나 절차를 없앨 수 있어 업무효율도 올라간다.

예를 들어 거래처 리스트를 부서마다 따로 만들어 업무에 활용할 경우, 하나의 파일에 정리해 공유할 수 있게 되면 누군가가 갱신할 때 모두가 갱신된 정보를 사용할 수 있다. 각자 일일이 작성해야 하는 수고가 사라진다.

공유하는 물건의 위치나 장소의 비밀번호도 색인에 정리하면 일일이 물어보지 않아도 함께 참고할 수 있다.

이처럼 가능하면 모두 공유할 수 있는 시스템을 만드는 것이 중요하다.

내가 일하는 회사에서는 업무 일지도 함께 볼 수 있도록 공유 폴더에 올리는데, 이렇게 하면 다른 직원들이 어떤 일을 하고 있는지 알 수 있어 업무 절차가 간단해진다.

'오늘 ○○ 거래처에 방문할 계획이라면, ○○대리에게 견적서 전달 좀 부탁해'라는 식으로 효율적으로 일을 진행할 수 있다.

이렇게 하면 직원들이 서로 업무를 방해하거나 같은 업무를 중복으로 하는 일이 줄어 불필요한 시간 낭비를 줄일 수 있다.

무엇이든 머릿속으로 기억하는 것도 좋지만, 그보다는 일에 전념할 수 있도록 리스트나 캘린더에 입력하거나 색인을 만드는 편이 좋다. 이와 마찬가지로 회사도 데이터를 정리해 공유할 수 있는 구조를 만들면 쓸데없는 일에 힘을 쏟지 않게 된다.

누구나 집중해 일할 수 있는 환경이 만들어지면 업무의 질과 속도가 올라가 결과적으로 매출이 향상되고, 이는 연봉 상승으로 돌아온다.

'내가 회사 환경까지 정리할 것 있나…'라고 생각해서는 아무리 시간이 지나도 능력 있는 직원으로 평가받지 못한다.

회사 전체가 효율적으로 운영되어야 나에게도 좋으므로, 시스템을 개선하기 위해 무엇을 할 수 있을지 생각해야 한다. 먼저 데이터를 정리하고 색인을 만들어 공유 물건을 찾기 쉽도록 명시하는 것부터 시작해 보자.

이것으로 7일째 레슨이 끝났다.

데이터도 정리되고, 어디에 무엇이 있는지 일목요연하게 알 수 있는 구조가 갖추어져 일이 더 잘 되는 환경이 만들어졌을 것이다.

Day 8.

아이디어의 원천이 되는
데이터를 보관하자

일에 필요한 것은
도구와 아이디어

7일째 레슨까지 주변의 물건과 데이터를 정리하는 방법에 대해 배웠다. 총 2주간의 레슨 중 지금까지 배운 1주간의 레슨만으로도 업무효율성이 꽤 높아지고 낭비하는 시간도 줄었을 것이다.

아마 하루에 세 시간 정도 여유가 생겼을 텐데, 여기서 만족하지 말고 한 단계 더 나아가 일을 잘할 수 있는 환경을 만들어보자.

사실 연봉이 꾸준히 오르는 사람은 데이터와 물건을 정리해 업무효율을 높일 뿐 아니라 일에 필요한 아이디어를 늘 모아둔다.

일에 필요한 것은 크게 나누면 두 가지다. 도구가 될 만한 것과 아이디어가 될 만한 것이다.

거래처 데이터나 주문서 같은 각종 서류는 일에 필요한 도구라고 할 수 있다. 이를 사용하기 쉽도록 정리해 두면 업무효율을 높일 수 있다. 또 매출을 올리기 위한 아이디어가 되는 것으로는 서류나 책, 잡지나 상품 등 다양한 것을 떠올릴 수 있는데, 이것들은 데이터화하여 필요할 때 바로 떠올릴 수 있어야 한다.

지금까지 출간된 정리법이나 업무기술 관련 책에서는 도구가 되는 책상 정리나 서류나 데이터를 정리하는 방법은 가르치지만, 그보다 더 중요한 '매출을 올리기 위한 아이디어'에 대해서는 거의 다루지 않는다.

물론 도구가 되는 것들을 잘 정리하면 작업효율이 올라가 매출도 오르겠지만, 그것만으로는 큰 수익을 올리기 어렵다. 그래서 이 장에서는 성공한 사람들의 사고방식과 일하는 방법을 익히기 위해 한 단계 업그레이드된 정리법을 이야기해 볼까 한다.

수익을 올리려면 아이디어를 빼놓을 수 없다

일에 필요한 것은 두 가지라고 말했는데, 단도직입적으로 말해 도구가 될 만한 것은 수익으로 직결되지는 않는다. 수익 향상을 뒷받침할 뿐이다.

아무리 책상을 잘 정리한다 해도, 거래처 데이터를 보기 좋게 만들었다 해도 그 자체가 매출 증가로 이어지지는 않는다. 그렇다면 무엇이 회사의 매출을 올리는가? 바로 회사의 상품이 되는 서비스 자체다.

아이디어의 원천이 되는 데이터가 왜 중요한가 하면, 이것이 회사의 신제품이나 신규서비스를 만드는 기획의 원천이고, 결국 매출 증가의 원천이 되기 때문이다.

주변 정리나 데이터 정리는 시간 단축은 할 수 있어도 매출을 올리거나 자신의 연봉을 높이는 데에 크게 공헌하지는 못한다.

정말 능력 있는 사람은 데이터나 프로그램을 정리해 언제나 사용할 수 있도록 준비하는 것은 물론이고, 그렇게 해서 생긴 여유 시간에 아이디어가 될 만한 데이터를 매일 저장하고 콘텐츠화할 줄 아는 사람이다.

이것이 가능하려면 그만큼 여유가 필요하기 때문에 7일째까지 배운 정리가 필수다. 7일째까지 배운 내용을 몸에 익혔다면, 매출을 올리기 위한 아이디어가 될 만한 것들도 의식적으로 모아보자.

아이디어의 원천이 되는 데이터도 늘 즉시 사용할 수 있도록 정리해야 하는 것은 당연하다. 그러기 위해서는 모든 자료를 데이터화하는 것이 첫 번째다. 데이터화하면 내가 어디에 있든 곧바로 참고할 수 있고, 쓸데없는 공간을 차지하지 않고도 많은 아이디어를 보관할 수 있게 된다.

아이디어가 될 만한 자료 중 필요한 부분만 저장한다

아이디어가 될 만한 대표적인 것은 잡지나 책에 게재된 글인데, 이는 [Day 3. 종이를 데이터로 만들기] 레슨에서 배웠듯 스캔하여 PDF로 저장하면 된다.

특히 책은 공간을 차지하기 때문에 독서용 스프레드시트를 만들어 나중에 도움이 될 만한 부분만 읽는 즉시 기록하면 좋다.

이렇게 하면 책을 보관할 필요가 없어지므로 다른 사람에게 선물하거나 헌책방에 보낼 수도 있다. 계속 기록하다 보면 이 스프레드시트에 정보가 가득 차 새로운 기획 아이디어를 떠올리거나 회의·영업 때 자료로 활용할 수 있을 뿐 아니라 콘텐츠를 만들 수도 있다.

아이디어가 될 만한 자료는 필요한 부분만을 데이터화하여 저장한다. 앞으로 도움이 될 것 같은 부분을 데이터화했으면 다른 부분은 저장하지 않아도 된다.

예를 들어 상품을 비교하기 위한 자료나 견적서 등을 모았다면 가격, 규모, 기능 등을 스프레드시트에 적은 뒤 서류는 버린다. 수치나 사양만 필요하다면 그림 파일이나 PDF로 만든 뒤 파일 제목에 해당 정보를 적어 저장하면 검색하기도 쉽다.

잡지도 한 페이지를 그대로 스캔해서 저장하면 나중에는 그 페이지 안에서 필요한 정보가 무엇이었는지 모르게 될 수도 있다. 내가 어떤 부분을 눈여겨보았는지, 어떤 이유에서 그 정보를 스크랩했는지를 바로 알 수 있도록 저장하는 것이 중요하다.

자료는 그 자리에서 데이터로 입력한다

예전에 신칸센을 타고 가다가 앞좌석 등받이에 꽂힌 잡지를 무심코 펼쳐 들었는데, 거기서 눈길을 사로잡는 기사를 발견한 적이 있다. 미국의 하버드대학이 온라인 강좌를 시작했다는 내용의 기사였다.

온라인 강좌라고 하면 수업은 학교에 나가서 듣고 온라인으로는 숙제만 제출하는 형태가 일반적인데, 이 기사에 따르면 하버드대학에서는 수업 자체를 온라인으로 하고 학교에 온 날은 토론을 하는 방식을 채택하고 있었다. 과거의 온라인 수업과는 전혀 다른 방식이었다.

온라인 스쿨을 직접 운영하고 있는 입장에서, 내가 생각했던 방식을 하버드대학이 추진하고 있다는 점에 주목하게 된 것이다. 이 기사는 내가 운영하는 온라인 스쿨에 아이디어가 될 만한 단서라고 생각해 곧바로 구글 스프레드시트에 기록했다.

무가지인 만큼 이런 경우 보통은 잡지를 통째로 가져오는 경우가 많다. 하지만 나는 그 자리에서 아이디어용 스프레드시트에 '○○잡지 ○월호, 하버드대학이 온라인 스쿨의 중요성을 발견했다. 이 스쿨은 20XX년 ○월부터 시작했다'라고 적어 데이터만 보관하고 잡지는 두고 왔다.

이렇게 그 자리에서 아이디어가 될 만한 정보를 스프레드시트에 기록하는 방법을 추천한다. 그 자리에서 하지 않으면 자료를 보관하는 데에 시간과 수고가 점점 많이 들게 되고, 또 나중에 잡지를 보관하거나 버려야 하는 귀찮은 일도 발생한다.

이렇게 기록해두면 칼럼을 쓸 때 기억에 의존하지 않고 출처나 시간을 분명히 표기할 수 있다.

또 고유명사나 날짜, 잡지 제목과 개요를 기록할 경우 문장을 그대로 옮길 필요는 없다. 그대로 인용하는 것이 목적이 아니라 아이디어의 원천으로 활용할 것이기 때문이다. 또 무엇 때문에 이 정보를 저장했는지 그 목적도 적어두면 좋다.

어차피 버릴 것은 바로 데이터화하여 불필요한 절차를 줄인다

앞서 든 예에서 잡지를 가져오지 말고 그 자리에서 데이터로 입력하는 것을 추천한다고 했는데, 많은 사람들이 잡지나 책에서 필요한 구절이 있으면 그 한 구절 때문에 집으로 가지고 오는 경우가 많다.

그러나 그렇게 하면 두 번 일을 하게 된다. 일단 가져온 자료를 보관해야 하고, 이런 것이 많이 모이면 나중에는 결국 버려야 한다. 그때는 이미 뒤죽박죽이 되어 정리하기가 어려울 수도 있다. 시간적으로도 물질적으로도 낭비다.

나는 신칸센에서 잡지를 가지고 내린 뒤 호텔에서 자기 전에 읽고 기사를 데이터화할 수도 있었다. 그러나 잡지를 가져와도 어차피 버릴 것이라 생각하니 아까운 마음이 들어 그렇게 하지 않았다.

우리 주변에는 무료로 제공되는 것들이 많다. 그러나 그런 것들도 따지고 보면 무료가 아니다. 가지고 온 사람에게는 무료이지만 그것을 만들고 배포한 사람은 분명 돈을 들여 만들었을 것이기 때문이다.

필요하지도 않으면서 무료라는 말에 무조건 가져간다면, 그것을 만들고 배포한 사람 입장에선 그만큼 손해를 보게 된다. 또 다른 사람들이 읽을 기회를 빼앗는 셈이기도 하다. 무료라는 말에 무조건 가져와서 보지도 않고 버리는 사람이 대부분이라면 사회적 손실도 어마어마해질 것이다. 개인의 시점만이 아니라 기업과 사회 전체의 입장에서도 생각할 줄 알아야 한다.

내 돈이 나가지 않는다 해도 사회가 손해를 보는 일은 하지 말자. 그러니 무료라고 해도 내게 필요가 없고 나중에 버릴 것 같으면 거절할 줄 아는 매너를 갖자. 자원도 절약하고 버리는 데에 소요될 내 시간도 아끼는 방법이다.

필요한 데이터만
모으자

이렇게 아이디어가 될 만한 자료를 그 자리에서 기록하는 것이 습관화되면, 자원이나 시간 낭비 없이 아이디어의 원천이 될 정보들이 차곡차곡 쌓일 것이다.

종이나 물건을 점점 줄여 깔끔한 작업 환경을 만들고, 아이디어가 될 정보들은 매일 의식적으로 기록해 모아두자. 그러면 잡지나 책뿐 아니라 일상생활이나 업무 중에 사용하는 모든 것들이 내게 아이디어를 가져다주는 유력한 단서가 될 것이다.

거리에서 본 신상품, 텔레비전에 나오는 유행, 지하철에서 본 광고 문구 등 모든 것이 소재가 될 수 있다. 내가 회사를 경영하는 입장이라면 어떻게 매출을 올릴지 고민하고, 상품 기획이나 고객 제안 등 다양한 방면에 사용할 소재들을 저장하는 습관을 들이자.

정보의 홍수 속에 허우적거리며 아무 정보나 저장해서는 안된다. 지금은 웹이나 SNS 등 여기저기서 쉴 새 없이 정보가 쏟아지기 때문에 정보를 정리하기만 해도 일을 한 것 같다는 사람들이 많다. 그러나 단순히 인터넷이나 입소문을 받아들이지만 말고 자신의 생각을 중심으로 저장해 아이디어의 원천으로 만들자.

인터넷이나 텔레비전, 잡지나 뉴스 기사의 내용은 대부분 2차 정보이므로 무조건 받아들이는 것은 옳지 않다. 그러므로 데이터로 저장할 때에는 통계나 사실들만 저장하자.

필요한 데이터만 스프레드시트에 적고 싶어도 도저히 시간이 나지 않는다면, 일단 URL만 기록한 뒤 나중에 정리 일정을 별도로 배정해 구글 캘린더에 등록하는 것도 방법이다.

또 이동 중이거나 그 자리에서 바로 기록할 여유가 없을 때는 스마트폰으로 사진을 찍어 두어도 좋다. 다만 되도록 그날 안에 필요한 정보만을 선별해 데이터화하자.

이 경우 데이터로 입력했으면 사진은 바로 버리는 편이 좋다. 만약 그날 시간이 없다면 주 1회 2시간 정도 시간을 만들어 처리하자.

습관이 되면 정리할 시간이 없어도 그 자리에서 바로바로 데이터를 저장할 수 있게 된다. 간단한 숫자나 자신의 생각 정도라면 스마트폰으로도 금방 입력할 수 있을 것이다. 스마트폰은 어디든 가지고 다니는 물건이므로 그 자리에서 또는 시간이 날 때마다 틈틈이 정리해 데이터로 저장하자.

그럼 이것으로 데이터 정리에 대한 레슨을 마친다.

모든 것을 데이터화하고 정리하여 색인을 만든 뒤 제자리에 놓으면 도구가 되는 데이터를 효율적으로 사용할 수 있다는 것을 배웠다.

그리고 업무 수준을 향상하기 위해 아이디어의 원천이 될 만한 정보를 데이터화하고 저장하는 것이 얼마나 중요한지도 깨달았을 것이다.

이렇게 저장한 데이터를 사용하는 방법에 대해서는 [Day 13. 자신을 콘텐츠화하자] 레슨에서 자세하게 설명할 테니 오늘은 그날그날 아이디어가 될 만한 자료를 모으는 것부터 시작해보자.

Day 9.

자신의 시간을
파악하자

시간은 기록하면
파악할 수 있다

이번 레슨에서는 머릿속을 정리하여 효율적으로 일하고, 그에 걸맞은 대우를 받는 방법을 소개하고자 한다.

먼저 처음에 반드시 해야 할 것은 업무를 처리하는 데 걸리는 시간을 파악하는 것이다.

4일째에 구글 캘린더에 일정을 정리하는 방법을 소개한 바 있는데, 거의 모든 사람들이 처음에는 업무에 걸리는 시간을 제대로 계산하지 못한다고 한 말을 기억할 것이다.

머릿속이나 시간은 눈에 보이지 않아서 제대로 정리하기가 어렵다. 그러나 이것들이야말로 업무에서 가장 중요하고 잘 정리해야 하는 것들이다. 그래서 4일째에 캘린더를 사용해 시간을 시각화하고 정리하는 방법을 이야기한 것이다.

구글 캘린더에서 시간표를 만들고 그에 맞춰 일하면 업무에 걸리는 시간을 점차 파악할 수 있다.

그러나 대부분의 캘린더는 30분 단위로 일정을 적게 되어 있으므로, 30분 미만의 시간은 파악할 수 없다는 단점이 있다. 따라서 자신이 업무에 쓰는 시간을 정확하게 파악하기 위해서는 시간을 정확하게 기록해야 한다. 기록을 잘하면 시간 효율에 대한 의식이 습관이 되어 무슨 일에 얼마의 시간이 소요될지 정확하게 알 수 있다.

매일 시간을 기록하기만 해도 학생들의 성적이 올랐다

내가 입시학원에서 강의하던 시절에 학생들의 성적을 올리기 위해 모두에게 아침에 일어나서부터 잠자리에 들기 전까지의 매시간마다 무엇을 했는지 전부 기록해 오라는 숙제를 낸 적이 있다.

당시에는 구글 캘린더가 없었기 때문에 노트에 적도록 했다. 시간을 어떻게 쓰느냐고 물어보면 입시준비생답게 모두 하루 종일 공부를 한다고 말한다. 하지만 정작 성적은 오르지 않았으니 이 상한 노릇이었다. 공부를 한다고 생각하는 시간에 정말로 공부를 했는지 스스로 깨닫게 하려고 일과를 적어 오라고 한 것이었다. 사람은 스스로 깨닫지 못하면 절대 개선되지 않기 때문이다.

효과는 기대 이상이었다. 시간을 기록하기 시작한 뒤부터 한 달 동안 특별히 다른 비결을 쓰지도 않았는데 학생들의 성적이 순식간에 오른 것이다. 어떻게 된 일일까? 공부를 했다고 생각한 시간 중에도 사실은 헛되이 보낸 시간이 많았다는 사실을 학생들이 스스로 깨달은 것이었다.

예를 들어 'O시~O시에 공부'라고 쓰는 것이 아니라 'O시 O분부터 O시 O분까지 문제집 O페이지부터 O페이지까지 풀었다'라고 구체적인 시각과 공부 내용을 정확하게 쓰는 것이 중요하다.

그저 공부를 했다고 기록하는 것은 의미가 없다. 무엇을 했는지 정확히 기록하고, 공부하지 않은 시간에 한 일도 아무리 사소한 일이라도 세세하게 기록해야 한다.

기록해 보면 의외로 '뭘 했는지 기억이 안 나네'하는 시간이 많다는 사실을 알게 될 것이다. 수험생들도 매일 충분히 공부했다고 생각했는데도 적어 보니 공백시간이 꽤 많았다.

모든 학생의 공백시간을 계산해 보니 하루 평균 5시간이나 되었다. 이러한 사실을 깨달은 학생들은 그 후 공부를 하라고 강요하지 않았는데도 저절로 성적이 올랐다.

딱히 그 반 학생들이 우수해서가 아니다. 다른 사람보다 많이 공부하면 성적이 오르는 것은 당연하다. 늘 시간이 부족하다고 생각했지만 사실은 활용하지 못하는 시간이 많았다는 사실을 깨닫기만 해도 나아질 수 있다.

분 단위로 정확하게 기록하자

나는 지금도 직장인을 상대로 세미나를 하면서 시간 기록법을 추천하는데, 유감스럽게도 많은 사람들이 기록을 했다고 말하면서 실제로는 기록하지 않는 경우가 많아 고등학생들만큼의 성과는 보지 못했다. 적었다고 해도 '9~17시 : 업무, 19~20시 : 저녁식사'라는 식으로 적어서는 의미가 없다.

기록할 때는 자신이 무엇을 했는지 그 내용을 정확하게 적을 필요가 있다. 그것도 분 단위로 말이다.

- 9시~ : 업무 개시, 메일 확인
- 10시~ : 팀별 회의
- 11시~ : 미팅

이렇게 적으면 구글 캘린더에 시간표를 만드는 의미도 없고 실제로도 효과가 없다.

- 8시 58분 : 자리에 앉다
- 8시 59분 : 컴퓨터를 켜다
- 9시 4분 : 차를 끓여 자리로 돌아오다
- 9시 6분 : 메일 확인 시작
- 9시 27분 : 메일 확인 종료
- 9시 31분 : 메일 답장 시작

이렇게 적어 보면 업무와 업무 사이에 반드시 몇 분의 공백이 있다.

그리고 '업무 개시'라고 적어도 '자리에 앉다', '컴퓨터를 켜다', '차를 끓이다'처럼 다양한 동작에 소요되는 시간이 포함되므로 정확히 9시부터 일이 시작되는 것은 아니라는 사실에 유념하자.

자신의 정확한 시간을 기록하자.

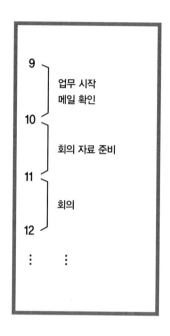

9	업무 시작 메일 확인
10	회의 자료 준비
11	회의
12	

8 : 58	자리에 앉다
8 : 59	컴퓨터를 켜다
9 : 04	차를 끓여 자리로 돌아오다
9 : 06	메일 확인 시작
⋮	
9 : 27	종료
9 : 31	메일 답장 시작

반드시 분 단위로 행위의
내용을 상세하게 적을 것.

공백시간은
하루 평균 5시간

아마 이렇게 자세하게 시간을 기록해본 사람은 많지 않을 것이다. 되도록 처음 한 달 동안은, 적어도 1주일만이라도 꾸준히 적어보자.

자신이 한 일을 반복하여 적기만 해도 자신이 하루 동안 무엇을 했는지, 한 가지 업무에 걸리는 시간이 얼마나 되는지 정확히 알 수 있다.

최근 화제가 되고 있는 다이어트 요법 중 '레코딩'이라는 것이 있다. 방금 먹은 것이나 움직인 내용을 기록하기만 해도 살이 빠진다고 한다. 시간 관리도 마찬가지다.

사실은 구글 캘린더로 일정을 짜기 전에 일정 기간 꾸준히 자신의 시간을 기록하는 것이 좋은데, 여기서는 구글 캘린더와 병행하여 기록하자.

이렇게 기록하면 작업과 작업 사이에 틈새시간이 얼마나 있는지 알 수 있다. 일을 한다고 생각했지만 실제로는 일과 직접 관련이 없을 때가 꽤 많다는 것을 알게 될 것이다.

예를 들어 인터넷 검색을 하다 보면 나도 모르게 링크를 따라가 인터넷서핑을 하게 되는데, 이렇게 하루에 2~3시간을 서핑에 허비하며 보내는 사람도 많다.

'검색을 하다'라는 행동 자체를 적지 말고 정확하게 '○○에 대해 검색하다', '○○를 조사하다'처럼 구체적으로 내용을 적으면 업무와 거리가 먼 일에 허비한 시간이 얼마나 많은지 알 수 있다.

이러한 시간도 공백에 포함하여 틈새시간으로 보면 결과적으로 업무시간에도 일을 하지 않는 시간이 몇 시간이나 된다는 사실을 발견하게 된다. F씨가 매일 10시 넘어서까지 야근을 해야 했던 이유도 짐작이 간다.

일하지 않는
시간을 줄이자

틈새시간을 활용하는 방법은 [Day 11. 틈새시간 활용] 레슨에서 자세히 설명할 것이므로 여기서는 일단 일하지 않는 시간을 줄여 업무 속도를 높이는 방법부터 살펴보자.

기록한 시간 중 '화장실 다녀옴', '옆 사람과 잡담' 같은 업무 외의 행동들을 골라 누적 시간을 계산하자. 누적 시간이 꽤 많다면 행동 습관을 고치는 편이 좋다.

화장실에 그냥 갔다 오는 것이 아니라 화장실에서 만난 사람과 잡담을 하거나, 여성이라면 화장을 고치느라 시간이 걸리지는 않았는가? 오래 이야기 나눌 생각이 아니었는데도 동료와 이야기를 하다 보면 5~10분이 금방 지나간다.

기록을 하면 점점 시간을 의식하게 되어 '화장실에 다녀오면 몇 분이 걸리겠다' 등 그 행동에 걸리는 시간을 정확하게 예측할 수 있게 된다. 그렇게 되면 업무 외의 시간을 최저로 줄일 수 있다.

다음으로 분 단위로 업무내용을 세분화해 보면, 업무를 시작하기 전의 준비나 업무를 마친 후의 정리, 물건을 원래 자리에 갖다 놓는 행동, 무언가를 찾거나 이동하는 데에 걸리는 시간이 꽤 많다는 사실을 알게 된다.

실제 업무시간은 얼마 되지 않아도 그 앞뒤로 소요되는 시간이 더 많은 경우가 적지 않다.

물론 이러한 낭비를 최대한 줄이기 위해 지금까지의 레슨을 통해 물건을 정리하거나 자료를 데이터화하는 방법을 배웠으므로 예전보다는 많이 개선되었을 것이라 짐작되지만, 앞으로는 그 시간을 더욱 줄이도록 해보자.

나는 그동안 성공했다고 평가받는 사람들을 많이 만나 봤는데,

그들은 거의 모두 걷는 속도가 무척 빨랐다. 그들과 함께 있으면 일반인들의 걷는 속도가 무척 느리다는 사실을 실감하게 된다.

업무와 관련된 작업이나 동작을 최대한 압축할 수 있도록 동작 하나하나를 재빠르게 해보자. 꾸준히 연습하다 보면 불필요한 동작들이 줄어 같은 작업도 훨씬 빨리 마칠 수 있을 것이다.

시간이 얼마 안 걸렸다는 것은 내 생각일 뿐이다

동작을 빨리하려고 해도 이미 오랫동안 해 온 습관이 있으므로 쉽게 바뀌지는 않을 것이다.

며칠 전 학생들과 전골 요리를 먹으며 파티를 했는데, 초반부터 요리 나오는 속도가 너무 느려 어떻게 하고 있나 봤더니, 배춧잎을 한 장 한 장 정성스레 씻고 있었다. 게다가 서두르는 기색도 없이 원래 준비에만 한 시간이 걸리니 조금 더 기다리라는 것이었다.

"내가 하면 10분이면 돼"라고 말하자 모두 깜짝 놀랐다. 실제로 내가 요리를 준비하니 10분도 걸리지 않아 준비가 끝났다.

특별한 비결은 없었다. 평소처럼 하되 시간을 단축하려는 의식을 가졌을 뿐이다.

이렇게 당연히 시간이 걸린다고 생각하는 일도 사실은 그렇지 않은 경우가 많다. 어떤 일이든 더 짧은 시간 안에 마칠 수 있다.

간혹 친구와 여행을 가보면 외출 준비를 하느라 우물쭈물 1시간 반은 걸리는 경우가 많은데 나는 5분이면 마친다. 평소 그렇게 훈련을 했기 때문이다.

지금까지 보고서를 작성하는 데에 두 시간이 걸렸다 해도, 실제로는 그렇게 오래 걸리지 않을 수도 있다. 갑자기 사장님 보고가 잡혀서 30분 후에 보고서를 제출해야 하는 상황이 되면 아마 허둥대기는 하겠지만 30분 안에 끝내긴 할 것이다.

그리고 막상 해보면 '시간을 많이 들일수록 결과물이 훨씬 좋아진다'는 말은 차마 못 할 것이다.

예전에 요리를 무척 잘하기로 소문난 분의 초대를 받아 간 적이 있었다. 세 시간이나 기다려 나온 요리는 기다린 시간에 비하면 그렇게 훌륭하진 않았다. 같은 요리가 좀 더 빨리 나왔더라면 가치가 훨씬 올라갔을 것이다. 맛은 평범하더라도 주문하면 바로 나오는 음식이 배고픈 사람에겐 더 인기가 많을지 모른다.

대부분의 사람들은 '이 일에는 적어도 ○시간이 필요하다'라고 쉽게 생각한다. 그러나 생각을 바꿔 좀 더 짧은 시간 안에 같은 일을 해낸다면 성과가 달라질 것이다.

모든 일상 작업을 가속화하는 방법을 연구하자

동작을 빨리하기 위해서는 시계를 활용하면 효과적이다.

걸을 때는 스톱워치로 시간을 측정하고, 작업 시간을 설정해 알람을 울리게 하는 방법으로 시간을 얼마나 단축할 수 있을지 매일 도전해보자.

나는 시간을 재고 단축하는 것을 즐기는 편이다. 업무 뿐 아니라 아이들의 이유식을 10분 안에 만들기에 도전하는 등 작은 일도 게임을 한다는 생각으로 임한다.

"시간 안에 이 일을 못 마치면 간식은 건너뛰기"라는 식으로 자신에게 가벼운 패널티를 주어 의욕을 북돋우는 것도 재미있다.

또 일하는 순서를 생각하거나 아무리 사소한 일이라도 어떻게 하면 효율적으로 할 수 있을지를 고려해 최적의 속도로 해내는 방법을 늘 연구한다.

며칠 전 세미나 준비를 위해 책상을 옮길 일이 있었다. "책상을

'ㄷ'자 형태로 배치하세요"라고 지시하고 15분 뒤 나는 놀라지 않을 수 없었다.

　중간 간부급 직원 한 명이 잠시 생각한 뒤(아마도 책상을 어떻게 움직일지를 생각하는 모양이었다) 종종걸음으로 책상 옆으로 가서 "○○씨, 반대쪽으로 옮기세요"라고 ○○씨를 불러와 지시를 하고 있었다.

　기본적으로 걷는 속도가 느리기도 했지만, 동작 하나하나가 마치 슬로우모션을 보는 듯 느렸다. 책상은 두 명이 함께 옮겨야 하는 것이었는데, 자신이 직접 하면 금방 할 것을 또 한 사람을 더 불러와 책상을 옮기도록 지시했고, 그만큼 시간을 더 낭비하고 있다는 사실은 알아차리지 못한 듯했다.

　일의 순서를 생각하며 움직이면 같은 작업이라도 놀랄 만큼 빠른 시간 안에 마칠 수 있다.

　이사를 할 때 이삿짐센터 직원들이 엄청나게 빠른 속도로 짐을 옮기고 싣는 모습을 본 적이 있다. 보통 사람이 했다면 하루 종일 걸릴 일을 그분들은 몇 시간 안에 끝냈다.

　불필요한 동작을 없애고 효율성 높은 방법을 생각해 행동하면 일상의 모든 동작이 빨라져 그만큼 여유시간을 만들 수 있다.

공백 5시간에 공부를 한다

이렇게 자신의 시간을 정확하게 측정하고 의식하는 것을 꾸준히 하다 보면 작업당 걸리는 시간을 읽을 수 있게 된다.

대부분 한 달 정도 꾸준히 하면 예측 시간과의 오차가 거의 없을 것이다.

일에서 성과를 내는 사람들에게 시간 사용법을 물으면, 자기계발을 위해 공부하는 시간을 하루 평균 3~5시간 정도 할당한다고 말한다.

바쁜 일과 중에 과연 그게 가능할까 느껴지지만, 앞서 말한 것처럼 일반적인 직장인은 거의 하루 평균 5시간 정도 공백이 있다. 그 5시간을 매일 공부에 할당하면 업무 수준이 올라가는 것은 당연하다.

공백시간을 줄이면 야근을 하지 않고도 정시에 업무를 마칠 수 있고, 그 뒤에는 대학원에 다니거나 책을 읽거나 세미나에도 갈 수 있다. 또 일을 하면서도 되도록 빨리 마치려는 의식을 갖고 있으면 아이디어의 원천이 될 만한 정보를 모으거나 새로운 기획을 제안하기 위해 조사를 하는 등 매일매일 미래를 준비할 수 있게 된다.

일이 너무 많아서 공부할 여유가 없다고 생각하는 사람일수록 실제로는 쓸데없이 낭비하는 시간이 많을 것이다.

나의 가치는 매일 처리해야 하는 업무 외에 미래를 위해 얼마나 준비하는가에 따라 달라진다.

정보혁명시대인 오늘날, 사회는 급격하게 변화하고 있다. 지금 눈앞에 닥친 일에만 급급해서는 미래는커녕 지금 하는 일도 제대로 처리하지 못할 확률이 높다.

쓸데없는 시간을 자각하고 줄이는 만큼 미래를 위해 공부할 수 있는 시간이 늘어난다.

그럼 이것으로 자신의 시간을 파악하는 방법에 대한 레슨을 마치겠다.

자신의 시간을 정확하게 알면 시간을 정리할 수 있다. 그렇게 될 때까지 오늘 배운 내용을 매일 반복하기 바란다.

Day 10.

정형화하여
시간을 만들자

업무를
정형화하자

9일째 레슨에서 일상의 모든 동작을 단축하는 방법을 배웠다. 시간을 단축하는 데에 도움이 되는 방법의 하나가 정형화다.

매일의 업무를 기록해 보면 같은 일을 반복하는 경우가 많다는 사실을 알게 된다.

메일 확인이나 답장 보내기, 매일 발송하는 청구서, 거래처에 보내는 제안서, 각종 보고서 등은 그때그때 생긴 일처럼 보여도 알고 보면 정기적으로 하는 일들이다. 그래서 예상치 못한 문제가 발생하지 않는다면 하루가 매일 비슷한 업무로 채워진다.

시간이 없다고 말하는 사람을 보면 이렇게 정기적인 업무가 생길 때마다 서류를 처음부터 다시 만들고 일일이 대응하느라 시간을 소모하는 경우가 많다.

작업을 효율화하기 위해 반복되는 일에는 정형화된 패턴을 적용하자. 정형화를 위한 대표적인 방법은 서류를 템플릿으로 만드는 것이다.

기획서나 제안서, 그 외의 사무적인 서류의 포맷을 정해놓는 것이다. 자주 작성하는 문서는 템플릿으로 만들어 안에 들어갈 내용만 교체할 수 있도록 하자.

지금까지 그때그때 작성했던 서류 중에 템플릿으로 만들 수 있는 것이 없는지 찾아보자.

정형화할 수 있는 것을 찾자

견적서나 팩스 양식, 각종 안내서 등 템플릿으로 만들 수 있는 서류를 매번 처음부터 새로 작성하는 사람은 많지 않을 것이다.

그런데 얼핏 정형화할 수 없는 것처럼 보이는 일도 머릿속으로 정리해보면 템플릿으로 만들 수 있는 경우가 많다.

내가 운영하는 온라인 스쿨에 다양한 강좌가 있어서 직원들이 그 매뉴얼을 만들어야 하는 일이 있었다.

강좌가 시작되는 시간은 저마다 다르지만 매뉴얼 디자인은 포맷화할 수 있으므로 템플릿을 만들어 강좌명과 시간만 바꾸면 새로운 강좌 매뉴얼이 생긴다. 그러나 직원들은 이 매뉴얼 디자인을 강좌마다 하나하나 입력하느라 1주일을 보냈다.

강좌마다 디자인을 새로 만들 것이 아니라 시리즈별로 만들어 이미지만 바꾸면 된다. 시리즈별 이미지 패턴을 세 가지 정도 만들어 두었다가 새 강의 포맷에 삽입하고 조정하면 30분이면 강좌 매뉴얼 디자인이 완성된다.

이것을 따로따로 디자인하느라 매뉴얼 하나당 하루 이틀 걸리고, 이것을 확인하고 수정하느라 또 며칠이 훌쩍 지나갔다.

이렇게 작은 것들이 쌓여 시간을 갉아먹기 때문에 늘 시간이 부족하다며 허둥대는 것이다. 시간 관리를 잘하고 싶다면 먼저 이런 현실부터 받아들여야 한다.

'그렇게 단순한 시리즈라면 처음부터 한꺼번에 작업하면 되지'라고 생각할 수 있지만, 원래 다른 사람의 일은 잘 보여도 내 일은 잘 안 보이는 법이다. 실제 업무에서는 이런 일이 빈번히 발생하므로 업무가 늦어지고 있다는 자각이 없으면 결코 개선하지 못한다.

이번 일도 6개월간의 강좌 일정을 구글 캘린더에 공유·파악하고 정형화해야겠다는 생각을 가졌더라면 매뉴얼 디자인을 시리즈로 발주해야겠다고 판단을 내렸을 것이다.

그러나 많은 사람들이 별 생각 없이 업무가 발생한 순서대로 일을 진행하고, 그 때문에 얼마나 많은 시간이 허비되는지는 깨닫지 못한다. 이는 머릿속이 정리되지 않았기 때문이다.

며칠이 걸려 끝낸 일을 30분 만에 마칠 수 있었던 것처럼 다른 일을 할 때도 시간과 수고를 허비하지 않는 방법을 생각하려는 노력이 중요하다. 그러한 노력으로 일상이나 업무에서 많은 시간을 절약할 수 있다는 사실을 늘 의식하자.

메일 답장은 포맷을 정해두면 좋다

매일 반복하는 업무 중 가장 큰 비율을 차지하는 것이 메일이 아닐까? 하루 중 메일 회신에만 2~3시간이 걸린다는 사람도 있다. 정말 아까운 시간이다.

수많은 메일 중 정말로 중요한 것은 하루 1~2통에 불과하다.

나는 하루에 200통 가까운 메일을 받지만 정말 중요한 메일은 5통 정도에 불과하다. 그 외에는 전형적인 내용이어서 금세 읽고 바로 답장을 보낼 수 있는 것들이다.

이러한 사실을 알게 된 것은 내가 처음 메일 매거진으로 〈집에서 일하는 방법〉을 가르치기 시작했을 때였다. 매일 쏟아지는 200통가량의 질문과 상담 메일에 어떻게 일일이 회신을 해야 할지 몰라 곤란해 하던 때였다.

일일이 답장을 보내자니 다른 일을 할 수가 없고, 그렇다고 대충 써서 보내자니 어렵게 메일을 보낸 분들에 대한 예의가 아닌 것 같았다. 그래서 재빨리 읽고 속도를 올려 하나하나 답장을 보내다 보니 내가 자주 쓰는 문장이 몇 개 있다는 사실을 알게 되었다. 여기서 시간을 단축할 수 있겠다는 힌트를 얻은 것이다.

복사해서 붙여넣기보다 템플릿으로

메일에 자주 사용하는 문장을 템플릿으로 만들면 시간을 줄일 수 있다. 이렇게 정형화한 문장 사이사이에 개별 용건을 적으면 상대방에게 맞는 메일 내용이 완성된다. 여기서 핵심은 문장을 하나하나 복사해서 붙여넣기 하면 안 된다는 것이다.

나는 주로 '미리 준비된 답변' 기능을 사용한다. 복사해서 붙여넣기보다 자주 사용하는 포맷을 등록해 두었다 사용하는 편이 빠르게 메일을 작성할 수 있으니 오늘부터 반드시 해보기 바란다.

포맷을 만들어 등록하는 과정이 귀찮다고 생각하는 사람도 있을 것이다. 그러나 나중의 효율을 생각하면 등록에 드는 수고가 아깝지 않을 것이다. 등록해 둔 포맷이 많아지면 많아질수록 메일을 작성하는 시간이 줄어들 것이다.

등록하는 기준은 따로 두지 말고, 메일을 쓰면서 등록하지 않은 문장이 나오면 그때그때 등록하자. 나는 두 번 이상 사용한 것 같은 문장은 등록해 두는 편이다.

문장을 매번 입력하지 않아도 등록된 문장만 선택하면 메일이 완성되므로 편리하다. 등록한 문장이 늘면 키보드를 한 번만 눌러도 많은 문장이 나오므로 거기서 원하는 문장을 고르면 빠르게 답장을 보낼 수 있다.

매번 메일을 쓸 때마다 반복되는 문장을 입력하지 않는 것만으로도 당신의 아까운 시간이 얼마나 절약되는지 직접 사용해보고 느껴보자.

하루 종일 메일 확인만 하는 사람은 되지 말자

하루 종일 메일만 체크하는 것은 좋지 않다. 모처럼 업무에 집중할 시간이 생겼을 때 메일을 확인하기는 아깝지 않은가?

집중해서 처리해야 하는 일들 사이에 틈새시간이 생기면 재빨리 확인하고, 그 순서대로 얼른 답장을 보내면 하루 1시간은 절약할 수 있다. '미리 준비된 답변' 기능을 이용하면 지금까지 5분 걸려 쓰던 메일 한 통을 10초면 다 쓸 수 있다.

한편 내 쪽에서 중요한 용건이나 상의해야 할 일이 있어 메일을 보내야 하는 경우에는 구글 캘린더에 메일을 보낼 상대의 주소와 함께 '체크사항을 확인한 뒤 회신', '수정 의뢰' 같은 용건도 함께 기록한다. 그리고 당일이 되면 적혀 있는 주소로 메일을 보내면 된다.

메일을 바로바로 확인하지 않으면 불안하다는 사람도 있다. 그러나 메일을 확인하는 시간을 하루에 몇 번 정해두고 그 시간에 한꺼번에 회신하면 대부분 문제는 발생하지 않는다.

아침저녁으로 두 번, 걱정이 된다면 점심까지 해서 세 번, 틈날 때에 메일을 확인하고 곧바로 답장을 보낸다는 규칙을 정해두자.

중요한 것은 이러한 규칙이 없으면 수시로 메일을 확인하고 답장을 하느라 하루를 다 보낼 수도 있다는 사실이다. 그렇게 해서는 본연의 업무에 집중할 수 없다.

업무에 집중해야 하는 시간에는 메일을 보내지 않는 것이 기본이다. 메일은 정해진 시간에만 확인하고, 회신도 한 번에 모아서 하자. 페이스북 메시지도 마찬가지다.

자, 오늘은 업무의 대부분을 차지하는 반복적인 업무와 메일을 정형화하여 낭비하는 시간을 줄이는 법을 배웠다.

누구나 아는 요령 같지만 이것만 제대로 해도 놀랄 만큼 여유 시간이 많아질 것이다.

지금부터 반드시 실천해보자.

F씨, 자주 쓰는 메일 답변을 등록했다.

팀원들에게 자주 쓰는 메일 답변을
등록하는 방법을 알려주어
직원 전체의 업무 효율을
향상시켰다.

그 뒤에는 하루에 30분이나
여유시간이 생겼다!

Day 11.

틈새시간을
활용하자

틈새시간을
최대한 활용하자

9일째 레슨에서 매일 구체적이고 정확하게 시간을 계산해 보면 하루 중 의외로 공백시간이 많다는 것을 알았다. 쓸데없이 버리는 시간을 최소로 줄이는 방법을 배우기는 했지만, 그래도 일을 하다 보면 누구나 5~10분 정도는 비는 시간이 생기기 마련이다.

예를 들어 회의가 시작되기 전 기다리는 시간, 통화 중이었던 사람이 내게 전화 주기를 기다리는 시간, 다음 장소로 이동하는 시간처럼 말이다.

이런 시간은 적극적으로 활용해야 하는 틈새시간이다. 매일 최대한으로 활용하는 방법을 알아보자.

먼저 이 시간에 할 수 있는 일은 주로 〈5분이면 할 수 있는 일〉

일 것이다. 통화 중이었던 사람의 전화를 기다리는 사이에 공백시간이 생겼다면 〈5분이면 할 수 있는 일〉 리스트를 곧바로 꺼내어 목록 위부터 또는 중요한 일이나 마감이 급한 일부터 몇 가지를 재빨리 해치우자.

집중해서 일하고 있는데 전화가 걸려오면 도중에 중단해야 한다. 이런 일이 반복되면 집중이 잘 안 되므로, 본격적인 업무는 잠시 미뤄두고 〈5분이면 할 수 있는 일〉을 처리하는 시간으로 활용하는 편이 좋다.

이렇게 하면 한 번의 틈새시간에 사소한 업무를 몇 가지 처리할 수 있으므로 하루가 끝날 무렵에는 〈5분이면 할 수 있는 일〉 리스트도 꽤 줄어 있을 것이다.

회의 시간은 잡무를 해치우기 좋은 시간

틈새시간은 주로 책상에 앉아 있지 않을 때 생긴다. 그 중 가장 활용하기 좋은 시간이 회의 시간이다.

모두 모여 회의가 시작되기를 기다리는 사이 멍하니 기다리고

만 있지 말자. 이 시간은 잡무를 처리할 절호의 기회다. 메일을 확인하고 답장을 보내거나 자료를 검색하는 등 할 수 있는 일이 꽤 많다. 잡무는 이 시간에 모두 끝낸다고 해도 과언이 아니다.

회의 중에도 아무것도 하지 않고 듣고만 있는 사람이 많은데, 노트북을 가지고 다니면 이 시간에도 일을 할 수 있다.

물론 내가 회의를 이끌어 가야 하는 상황에서는 회의에만 집중해야 하지만, 보통 회의는 같은 이야기를 반복하며 회의 자료만 줄곧 들여다봐야 하는 상황이 이어지는 경우가 많다. 회의 자료를 받자마자 재빨리 훑어보고, 내용을 파악했으면 그 후는 나만의 시간으로 활용하여 업무를 처리하는 시간으로 활용하자.

습관이 되면 회의록을 들춰보면서 일을 할 수 있게 된다.

지난번 레슨에서 배웠던 '미리 준비된 답변' 기능을 사용하면 네 번 정도의 클릭으로 메일에 답장을 보낼 수 있으니 메일 확인과 답장은 이런 시간을 활용하는 편이 좋다.

아무 생각 없이 회의에 앉아 있기만 하는 사람일수록 회의가 많아 빼앗기는 시간이 많다고 불평한다. 몸은 회의장에 앉아 있더라도 머리는 쓸 수 있으니 빈 시간을 잘 활용하자. 틈새시간을 잘 활용하면 회의도 꽤 할 만할 것이다.

미팅 중에도
틈새시간이 있다

　상대와 1 : 1 미팅을 할 때에도 회의 때와 마찬가지로 틈새시간을 찾을 수 있다. 상대방이 잠깐 통화를 하거나 화장실을 다녀오는 경우 등이다.

　요즘은 노트북이나 태블릿PC를 사용하는 미팅이 흔해졌고, 회의 때도 노트북을 지참해 데이터를 참고하는 일이 많다. 아무리 힘든 회의나 미팅이라도 중간에 잠깐씩 비는 시간이 있다. 그 시간에 메일을 확인하고 가능한 용건이라면 그 자리에서 답장을 보내자.

　'미리 준비된 답변' 기능을 활용해 몇 번의 클릭만으로 답장을 보낼 수 있는 상태를 만들어 두면 잡담을 하면서도 답장을 보낼 수 있다.

　상대에게 불쾌감을 주지 않도록 최소한의 예의를 지키는 선에서 다른 사람과 만나는 시간도 적극적으로 내 시간으로 활용할 수 있도록 하자.

통근시간은 공부나 업무에 유용하게 활용하자

출퇴근 시간은 틈새시간치고 꽤 긴 시간임에도 잘 활용하는 사람이 많지 않은 듯하다.

성공한 사람들이 이동할 때 택시를 자주 타는 것은 돈이 남아서가 아니라 이동 시간을 유용하게 활용하기 위해서다. 그만큼 이동시간은 길고 중요하다.

걷는 시간에는 무언가를 들으며 공부를 할 수 있다.

나도 팟캐스트 교재를 만들고 있는데, 최근에는 팟캐스트나 음성학습 교재가 많아졌다. 이동하면서 이러한 교재들을 들으면 따로 공부시간을 만들지 않아도 되므로 편리하다.

지하철 안에서 게임을 하거나 멍하니 있기에는 시간이 아깝다. 출근에 한 시간이 걸린다면 퇴근 시간까지 합쳐 하루에 두 시간을 그렇게 보내는 것이다.

지난번 레슨에서 메일 확인을 위해 따로 시간을 마련할 필요가 없다고 했는데, 이런 시간에 메일을 확인하면 시간을 효율적으로 쓸 수 있다.

아침에 지하철 안에서 한 시간 동안 메일을 확인하고 답장을 보내면 회사에 도착하기 전에 메일 업무가 종료되고 그만큼 본연의 업무에 곧바로 착수할 수 있게 된다.

또 회의와 회의 사이의 빈 시간에도 인터넷을 통해 자료를 검색하거나 회의 자료 초안을 작성하는 등 간단한 업무를 처리할 수 있다.

지하철 안을 둘러보면 스마트폰으로 게임을 하거나 드라마를 보는 사람들이 대부분이다. 그 시간에 책을 읽거나 팟캐스트를 듣거나 간단한 업무를 처리한다면 업무효율이 훨씬 높아질 것이다. 남달리 노력하면 능력에 차이가 생기는 것이 당연하다. 그리고 그 차이가 연봉 차이로 연결된다.

최근에는 페이스북이나 트위터, 카카오스토리 등이 인간관계의 중심이 되어 하루 종일 확인하는 사람도 많아졌는데, 이러한 SNS도 기본적으로는 모두 틈새시간에 확인할 것.

다음 회의를 위해 이동하는 동안 재빨리 보고 '좋아요~'를 누르기만 해도 부지런하게 확인한다는 인상을 줄 수 있을 것이다.

점심시간은
업무 조정에 사용한다

오늘 안에 해야 하는 일은 기본적으로 시간표에 따라 하는 것이 좋지만, 아무리 노력해도 정해진 시간 안에 끝내지 못하는 일도 있다.

그럴 때에도 틈새시간을 활용하면 좋다. 틈새시간을 활용했는데도 일을 다 끝내지 못해 곤란한가? 아직 남은 시간이 있으니 낙담할 필요 없다.

점심시간에 밥을 먹고 남은 휴식시간이 있다. 그때에 남은 일을 정리하면 된다.

'그 시간까지 일을 하라니…'라고 생각하는 사람은 아직 일에 대한 인식이 부족한 사람이다.

업무 시간엔 불필요한 일들로 시간을 낭비하면서도 휴식시간만은 칼같이 지키려고 하는 사람들이 많다. 그러나 만약 오늘 해야 할 일을 하지 못했거나 바로 처리해야 하는 일을 처리하지 못했다면 쉬는 시간에라도 마치도록 노력해야 한다. 이러한 생각을 몸에 익히지 않는 한 능력 있는 사람이 되긴 힘들다.

물론 자기 주변 정리나 시간 정리를 잘하는 사람이라면 굳이 쉬는 시간을 반납해야 할 필요도 없다. 그런 사람이 되기 위해 이 책이 있는 것이다.

미루기보다 틈새시간에 마치는 편이 즐겁다

워크-라이프 밸런스라고 하여 일 할 때와 쉴 때를 분명히 구분해야 한다는 생각이 주류이지만, 나는 해야 할 일을 다 하지 못했으면서 휴식을 논하는 것에는 찬성하지 않는다.

나는 어릴 때 교과서를 전부 학교에 두고 다녀서 집에서는 공부를 전혀 하지 않았다. 마치 공부를 싫어하는 불량소녀였던 것처럼 들릴지 모르겠지만, 사실은 숙제나 예습 복습을 모두 쉬는 시간에 마쳐서 집에서는 할 필요가 없었기 때문이다.

그 덕분에 집에 돌아와서는 내가 좋아하는 소설을 읽는 등 원하는 대로 시간을 충분히 쓸 수 있었고 성적도 나쁘지 않았다.

입시학원에서 학생들을 가르칠 때도 나는 "집에 가서 공부하겠다고 생각하면 지금 놀게 되니까, 학원에 있을 때 다 마치고 가라"라고 가르쳤다.

나중에 해야 한다는 부담감을 느끼지 않도록 그 자리에서 모두 끝내는 것이 중요하다. 내 경우에는 쉬는 시간에 숙제를 하지 않으면 집에 돌아가서도 숙제를 해야 하고, 그러면 좋아하는 일을 할 수 없다는 생각에 쉬는 시간에 다 마치려고 노력했다.

10~15분밖에 되지 않는 짧은 쉬는 시간이지만, 총 6교시 동안 갖게 되는 5번의 쉬는 시간을 모두 합하면 1시간 남짓이 된다. 이 시간이 부족할 경우에는 자습시간이나 수업시간도 틈틈이 활용해 숙제는 물론이고 예습과 복습까지 끝냈다.

물론 수업시간에 딴 공부를 한 건 아니다. 예를 들어 수학 시간에 문제를 빨리 풀게 되면 다른 친구들이 끝낼 때까지 기다리는 동안 숙제로 나갈 문제를 틈틈이 푼다거나, 다음 진도를 미리 풀어 보는 등의 방법이다.

나중에 한꺼번에 해야겠다고 생각하면 마음만 무거워지고 내 시간도 자유롭게 활용할 수 없다. 틈새시간에 할 일을 마치면 그만큼 자유시간이 늘어 즐거워진다.

성공하는 사람이 되기 위해서는 잡무도 해야 한다

지금까지 틈새시간 활용법을 배웠는데, 기본적으로는 '잡무를 모두 틈새시간에 처리한다'는 것이 철칙이다.

그리고 책상에 앉아 집중하는 시간에는 잡무에 대해서는 까맣게 잊어야 한다. 중요한 일을 하는 와중에 머릿속으로 잡무를 떠올리면 실수를 하거나 좋은 아이디어를 떠올리기가 어려워진다.

돈을 벌기 위해서는 먼저 그 기초가 되는 시간이 필요하다. 아이디어가 될 자료나 수많은 정보를 바탕으로 독창적인 아이디어를 만들기까지는 시간이 걸리기 때문이다.

게다가 그런 시간에는 고도로 집중해 두근거리는 마음으로 즐기지 않으면 좋은 아이디어가 나오지 않는다. 잡무에 쫓기는 상태에서는 마음에 여유가 없으므로 그런 시간을 만들지 못한다.

'급하지만 중요하지 않은 일은 하지 않아도 좋다', '급하지 않더라도 중요한 일을 먼저 해야 한다'라는 사고방식을 들어본 적이 있을 것이다.

자기계발서의 영원한 베스트셀러 《성공하는 사람들의 7가지 습관》에 나온 말로, 많은 직장인들에게 성공 비결로 알려져있다.

그런데 이 말을 곧이곧대로 믿어서는 곤란하다.

중요하지 않더라도 급한 일은 반드시 빨리 처리해야 한다.《성공하는 사람들의 7가지 습관》을 비롯한 여러 자기계발서에서는 이런 일은 하지 않아도 된다고 말하지만, 그렇게 말하는 사람들은 아마도 직장생활을 해보지 않았거나 대신 처리해 주는 비서를 두고 있기 때문이 아닐까?

일반 사람들은 그럴 수 없으므로 실제로는 중요하지 않더라도 급한 일이라면 재빨리 처리해야 한다. 문제는 그것을 얼마나 효율적으로 처리해 중요한 업무에 집중할 시간을 확보할 수 있는가이다. 이럴 때 틈새시간을 활용하는 것이다.

틈새시간에 확실하게 잡무를 처리하여 본연의 업무 시간을 방해받지 않고 오롯이 집중할 수 있도록 해야 한다. 눈앞에 닥친 많은 일을 처리하기에 급급한 사람이라면 먼저 시간만 제대로 확보해도 업무 성과가 달라질 것이다.

중요한 일에 집중력을 발휘하기 위해서는 머릿속을 깨끗하게 정리해 뇌를 최대한 활용할 수 있는 환경을 만드는 것이 중요하다.

처리해야 하는 잡무는 틈새시간에 모두 처리하여 머릿속을 깨끗이 정리하자.

중요한 일에 집중하기 위해서는 잡무를 깔끔하게 처리해
머릿속을 깨끗이 정리하는 것이 중요하다.

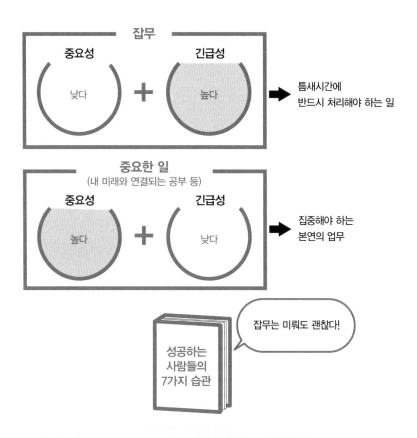

자기계발서에서는 잡무는 미뤄도 괜찮으니 더 중요한 일에 매진하라고
말하지만, 잡무를 마치지 못하면 중요한 일도 하지 못하는 것이 현실이다.

잡무를 모두 틈새시간에 끝내 업무시간 30분 단축!!

잡무가 없고 깨끗이 정리된 머리로 3사 합동 프로젝트 아이디어를 낸 F씨.

프로젝트의
리더로 임명되어
사외 교섭도
맡게 되다!!

Day 12.

습관화하자

매일 같은 일을
반복하여 습관화하자

지금까지의 레슨에서 배운 것을 모두 실천한다면 이미 당신은 하루 5시간 이상의 새로운 시간을 만들어 전보다 훨씬 일을 잘하는 상태가 되어 있을 것이다.

주변 정리부터 머릿속 정리까지 중요한 핵심은 거의 다루었으므로 이쯤에서 레슨을 마칠 수도 있지만, 한 가지 더 중요한 사실을 말하려고 한다. 바로 정리된 상태를 습관화하는 것이다.

습관화하지 않으면 지금까지 배운 모든 것들이 스쳐 지나갈 뿐 내 것이 되지 않은 채 끝난다.

그렇다면 습관화는 어떻게 할 수 있을까? 답은 간단하다.

같은 일을 매일 반복하면 습관이 된다.

한 번 읽으면 잊어버릴 일도 매일 여러 번 읽으면 자연스럽게 외우게 된다. 그러니 그날 배운 레슨 내용을 매일 실천하고 이를 3개월 동안 반복하면 자연스레 습관이 될 것이다. 그렇게 되어야 비로소 이 책에서 말한 것들이 내 것이 되었다고 말할 수 있다.

하루를 마칠 무렵 확인하자

습관을 들이려면 반복은 물론이고 매일 그날의 상태를 확인하는 것이 효과가 있다.

정리된 상태는 주의하지 않으면 금세 어지러운 상태로 돌아간다. 책상 주변, 폴더, 서류와 일정까지 처음에는 잘 정리했어도 시간이 조금만 지나면, 심지어 하루가 끝날 즈음에 다시 뒤죽박죽 어지러운 상태가 된 적이 있을 것이다.

이를 방지하려면 하루가 끝나갈 무렵에 정리 상태를 확인하고 파악해야 한다.

매일 잠들기 전에 시간을 갖고 적어도 자신의 상태만이라도 파악한 뒤에 잠들도록 하자.

오늘 내가 보낸 시간 중 낭비는 없었는지, 하루 중 어떤 시간을 줄일 수 있었는지 잘 생각해 보자. 또 아직 정리하지 않은 것이 있다면 언제 시간을 내어 그것들을 정리할지 생각해 보는 것이다.

매일 잠들기 전에 이렇게 파악할 수 있는 시간을 가질 수 있도록 구글 캘린더에 하루의 끝 무렵 30분을 '매일' '반복'하여 입력하자.

사무실에서 일을 마치기 전에도 반드시 확인하는 습관을 갖자. 책상 주변이 정리되어 있지 않다면 모두 제자리에 돌려놓고 퇴근하는 습관을 들이자. 하루 중 확인하는 시간이 없으면 사소한 일은 내일로 미루게 된다.

정리된 상태가 유지되지 않으면 의미가 없다. 그러므로 매일 반복해서 확인하여 정리된 상태를 유지하는 것에 습관을 들이자.

습관을 들이는 것은 어렵지 않다. 그저 매일 반복하기만 하면 된다. 그렇게만 해도 뇌에는 정리된 상태가 각인이 되어 그것이 당연하다고 느끼게 된다.

늘 일에 쫓기는 일상을 탈출하기 위해서는 조금 귀찮더라도 매일 반복하여 확인하고 정리된 상태에 습관을 들여야 한다.

아침에는 일정을 파악하기 위한 시간을 갖자

잠들기 전과 마찬가지로 아침에 일어나서 일을 시작하기 전에 도 30분 동안 정리를 위한 시간을 갖자.

우선 아침에는 구글 캘린더로 그날 또는 이번 주에 해야 하는 일을 확인하자. 오늘 해야 할 일을 이때 모두 파악해 두면 나중에 는 별다른 고민 없이 순서대로 처리만 하면 된다. 그 뒤로 해야 하 는 일이 생기면 구글 캘린더에 바로 입력한다.

지난번 레슨에서 배웠듯 출퇴근 시간도 훌륭한 업무시간이 될 수 있다.

그날 할 일을 생각할 때는 출퇴근 때의 틈새시간도 고려해 메 일 확인, ○○책 읽기, ○○팟캐스트 듣기 등 일과를 계획한다. 출 퇴근하는 차 안에서도 많은 일정을 소화할 수 있다.

그러나 실제로는 하루가 시작되면 예정에 없던 일들이 하나둘 생겨난다. 5분 안에 할 수 있는 일들이라면 그 자리에서 처리하면 되므로 크게 생각할 필요 없지만, 금세 처리하기 어려운 상황이라 면 〈5분이면 할 수 있는 일〉 리스트에 적어 두는 것을 잊지 말자.

자신의 시간을 파악할 수 있게 되면 어떤 시간을 비워 놓아야 용건을 제대로 처리할 수 있는지 시간을 계산할 수 있게 된다. 그러므로 중요한 일은 캘린더 일정에 잘 입력해 놓는 것도 습관화하자.

정해진 일은 반드시 처리하는 습관을 갖자

하기로 한 일을 마치지 못한 상태로 하루가 끝났다면 어떻게 해야 할까? '살다 보면 그런 날도 있지 뭐', '못 했으면 어쩔 수 없지'라는 생각은 유감이지만 이 레슨과는 맞지 않는다.

"못 했으면 어쩔 수 없지"라는 생각은 절대 금물이다.

그런 생각으로는 처리하지 못한 것이 당연해져 정리를 습관화하지 못한다. 그 날 하기로 정한 일은 점심시간이나 휴식시간을 희생해서라도 반드시 마치자.

요리조리 피하면서 다른 날로 일정을 바꾸고 '뭐 어때' 하고 넘어가는 일이 여러 번 반복되면 평생 능력 있는 사람이 되긴 힘들다.

하기로 한 일은 반드시 마친다는 규칙을 스스로 만들고 지키자. 그렇게 하면 아무리 사소한 용건이라도 하기로 한 일은 반드시 마치는 사람이라는 의식이 생겨 습관이 된다. 그러다 보면 사람도 바뀔 수 있다.

만약 그 날은 도저히 시간이 없어 한밤중까지 일했다면, 다음 번 일정을 짤 때는 그 일에 2배의 시간을 할당하거나 앞뒤로 30분씩 여유 있게 일정을 짠다. 자신의 시간을 잘 계산해서 해야 할 일을 다시 한 번 정리해보자.

중요한 것은 시간을 정했으면 결코 미뤄서는 안 된다는 것.

초반에는 시간 안에 마치지 못하던 일, 점심시간을 희생하거나 야근을 해서 겨우겨우 마치던 일이라도 일정을 지켜 계속 해나가다 보면 사람이 달라진다. 그렇게 될 무렵에는 자연히 일하는 능력도 향상될 것이다.

정리하지 못하면 좋은 결과물이 나오지 않는다

정리하는 습관은 성공하고 싶다면 누구나 반드시 습관화해야 하는 것이다. 성공한 사람들은 대개 어릴 때부터 지식이나 정보를 습득한 양이 많은 사람들이기 때문이다.

그러나 보통 사람은 성공하기 위해 지식이나 정보의 습득을 아무리 늘려도 좀처럼 성공하지 못한다. 왜냐하면 습득하는 양이 늘어나면 정리를 못해 자기 것으로 소화할 수 없기 때문이다.

예를 들어 사회적으로 성공하고 나보다 높은 차원에 있는 사람과 만나는 것은 자신을 성장시키기 위해 반드시 필요한 일이지만, 그저 만나기만 해서는 의미가 없다.

차원이 높은 사람들과 만났을 때 어떤 대화를 할 수 있는지가 중요하다. 아무 말도 하지 않으면 아무도 눈여겨보지 않는다.

그러한 장소에서 가치 있는 대화를 건넬 수 있으려면 압도적인 양의 지식과 정보를 입력하고 그것을 정리하여 표현할 수 있는 상태가 되어 있어야 한다.

그렇지 않으면 중요한 때에 시의적절한 말이 나오지 않고, 상대가 하는 말의 의미도 알아듣지 못해 기회가 사라지고 만다.

그러나 습득한 정보가 아무리 많아도 중요한 것과 중요하지 않은 것을 구분하지 못하고 머릿속만 꽉 차 있으면 결과물이 제대로 나오지 않는다. 그래서 정보 정리가 필요한 것이다.

정리하는 습관을 익히면 일일이 기억하지 않아도 정보를 잘 활용할 수 있게 되므로 지식과 정보의 양이 많아진다. 기억해야 할 것들은 어디에 정리했는지를 색인으로 만들기만 하면 된다.

정보를 어디에서 꺼내야 하는지를 알면 필요할 때 다른 사람보다 빨리 훌륭한 상태로 꺼낼 수 있고, 그렇게 점점 다른 사람보다 앞서 나가게 된다.

정리된 상태를 유지하고 반복함으로써 습관으로 만드는 것을 꼭 실천해보자.

여기까지 습관화에 대한 레슨을 마친다.

F씨, 리더로서 직원들에게 모든 것을 습관화하도록 하여
팀 전체가 성장할 수 있는 체제를 만드는 데에 성공했다.

팀 일체감도 증가하고
빅 프로젝트도 대성공 !!

프로젝트 성공으로 팀 전체가
특별 인센티브를 받다 !!

Day 13.

자신을
콘텐츠화하자

콘텐츠가 있는 사람만이
성공할 수 있다

지금까지는 정리를 하여 시간을 버는 방법과 한 단계 업그레이드된 방식으로 일하는 법을 배웠다.

이것들을 모두 자기 것으로 만든 사람은 한 차원 높여 더 많은 성공을 가져다주는 방법을 알아보자.

회사에 큰 이익을 올려주는 사람, 다시 말해 회사를 떠나도 스스로 사업을 하거나 다른 회사에서 스카우트 제의를 받을 만한 인재란 바로 콘텐츠 의식이 있는 사람이다.

콘텐츠 의식이란 일상의 모든 요소를 콘텐츠로 파악하고 이를 늘 쌓아 두었다가 언제든 활용할 수 있고 상품화할 수 있는 것을 가리킨다.

정보화 사회에서 연봉을 높이기 위해서는 콘텐츠 의식을 빼놓을 수 없다.

예를 들어 해외여행을 다녀왔다면 그저 "즐겁게 쉬다 왔다"로 끝나는 것이 아니라, 해외에서 보고 느낀 것 또는 가보지 않으면 알 수 없는 여행정보를 사진과 함께 블로그에 올린다. 화제가 된 영화가 있다면 그것이 왜 인기를 끌었을지 내 생각을 정리해 올린다. 또는 스포츠 경기를 관람하러 갔다면 웹으로 나만의 실황중계를 해보는 것이다.

그것이 언젠가 책 집필 의뢰로 이어지거나, 새로운 비즈니스 모델로 기획되거나, 신상품 개발 때 참고가 될지도 모른다.

또 늘 콘텐츠가 정리되어 있으면 필요할 때 꺼내어 적재적소에 활용할 수 있다.

의식을 바꾸는 것만으로도 자신이 매일 접하는 무언가를 그저 소비하는 것이 아니라 자신에게 유익한 콘텐츠로 바꿀 수 있다. 그러한 것들이 차곡차곡 쌓여 언젠가 큰 힘이 될 것이다.

출퇴근 시간에 사진을 찍기만 해도 인기 사이트가 된다

콘텐츠가 될 만한 것이란 구체적으로 말하면 8일째에 배운 '아이디어의 원천이 될 만한 것'인데, 8일째 레슨에서는 주로 데이터로 저장하는 방법을 이야기했다.

그러나 성공하는 사람은 거기서 한 발 더 나아가 저장한 아이디어 소재를 어떤 형태로든 활용할 수 있는 사람이다.

'내가 유명인도 아니고, 매일 회사와 집만 왔다 갔다 하느라 딱히 아이디어의 소재랄 것도 없고…' 라는 변명은 접어 두자.

아무리 사소한 것이라도 꾸준히 아이디어 소재를 모아 두자. 지금은 블로그나 트위터, 페이스북 등 개인이 메시지를 전달할 수 있는 방법이 많기 때문에 마음만 있다면 누구라도 전 세계에 정보를 전달할 수 있다.

그러나 이를 꾸준히 하는 사람은 많지 않다. 이따금 놀러간 사진을 올리거나 지인들과 회식 중인 사진을 친구끼리 볼 수 있도록 공개하는 정도가 대부분이다.

그러나 매일 아무리 사소한 것이라도 당연하다고 생각하지 않고 자신만의 관점으로 데이터를 축적하다 보면 이윽고 그것이 귀중한 콘텐츠가 되는 날이 올 것이다.

출퇴근하는 지하철 창밖으로 보이는 디즈니랜드 주차장을 찍어 매일 야후 게시판에 올린 사람이 있다. 출퇴근하면서 재빨리 사진 한 장을 찍었을 뿐 별로 수고스러운 일도 아니고 특별한 연출이 들어간 것도 아니었다.

그러나 일 년 넘게 같은 시간대에 사진을 찍다 보니 매일 디즈니랜드 주차장의 상태를 보여주는 귀중한 자료가 되어 큰 인기를 끌었다. 이 단순한 기록으로 일 년 중 어느 때, 일주일 중 어느 요일에 혼잡한지를 알 수 있었다.

자신에게는 당연해 보이는 콘텐츠도 차곡차곡 쌓아두면 다른 사람이 유용하게 참고할 만한 정보가 될 수 있다.

콘텐츠를 꾸준히 만들어 공개하면 기회가 생긴다

이렇게 콘텐츠가 될 만한 것은 어디에나 있다.

콘텐츠를 만들어 봐야겠다고 의식하는 것만으로도 여기저기에 좋은 콘텐츠가 널려 있다는 것을 알 수 있을 것이다.

외식을 했다면 '○○식당 런치 메뉴인 ○○ 맛있네요. 주소는 ~~~'라고 데이터화하여 사진을 올린다. 책을 읽었다면 바로바로 감상을 올린다.

주말마다 영화를 보는 것이 취미라면 '○○영화관에서 ○○라는 영화를 봤다. 평가는 별 5점 만점에 4점'이라고 리뷰를 올려 보자.

어려운 비평을 하거나 길게 쓸 필요 없이 그 정도면 누구나 몇 분이면 기록할 수 있을 것이다.

이런 것들이 처음에는 그저 메모에 지나지 않겠지만 100건, 200건 점점 쌓여 1000건이 되면 데이터로서 가치가 생긴다.

혼자서는 데이터를 감당하지 못하겠다면, 다른 사람도 내 사이트에 글을 올릴 수 있도록 게시판 기능을 설정해 콘텐츠 양을 가속적으로 늘릴 수도 있다. 스스로 콘텐츠화하겠다는 의식과 다른 사람의 콘텐츠를 모으겠다는 의식이 있어야 한다.

핵심은 매일 반복해서 하는 것이다. 내가 앞장서지 않는데 다른 사람이라고 콘텐츠를 늘리려 노력할 리 만무하다.

그러나 일부러 시간을 낼 필요는 없다. 출퇴근 시간이나 틈새 시간 몇 분 정도의 수고만 들이면 된다.

계속하다 보면 작은 정보도 가치 있는 콘텐츠가 된다. 그렇게 되면 어느 날 생각지도 못한 기회가 올 수도 있다.

디즈니랜드의 혼잡 상황을 알 수 있는 사이트는 디즈니랜드에 가고 싶은 사람에게 유용하다. 그러므로 방문자가 늘어난다. 사이트 방문자가 증가한다는 것은 콘텐츠로서 가치가 있다는 증거다. 이렇게 되면 웹에 광고를 올려 수익모델을 만들 수도 있다.

나름대로 흥미 있는 리뷰를 쓰면 그 방면의 전문가로 이름이 알려져 관련 업계로부터 다양한 제안을 받을지도 모른다. 이것이 길을 여는 기회가 된다.

인기 사이트 하나로 연봉 1억 원을 번 사람도 있다.

말도 안 된다고 생각하며 예전처럼 아무것도 하지 않으면 기회도 없다. 기회를 거머쥘 가능성은 꾸준히 정보를 모아 콘텐츠로 전달하는 사람에게만 찾아온다.

다른 사람을 즐겁게 하는 것은 독창적인 정보뿐

콘텐츠를 제공할 때 꾸준히 하는 것 못지않게 중요한 것이 한 가지 더 있다. 바로 다른 사람을 기쁘게 하는 정보인가 하는 점이다.

주차장을 촬영해 올린다고 해도 그곳이 다른 사람과 전혀 관계가 없는 곳이라면 누구도 관심을 두지 않는 정보로 끝나고 만다.

디즈니랜드 주차장 사진에 많은 사람들이 가치를 느낀 이유는 그곳에 대해 관심있는 사람이 많기 때문이다.

지금은 페이스북이나 SNS로 타인의 관심을 끌면 '좋아요!' 버튼으로 그 반응을 알 수 있지만, 콘텐츠화하기 위해서는 단순히 그 자리에서 즐겁기만 해서는 안 된다.

예를 들어 페이스북에 미인의 사진을 올리면 그것만으로도 '좋아요!'가 여러 개 붙지만, 그것은 일시적인 쾌락을 주는 것에 지나지 않는다.

정말 가치 있는 정보, 타인을 기쁘게 하는 콘텐츠란 더 알고 싶게 만드는 콘텐츠다. 그리고 여기서 중요한 것은 나만의 독창적인 관점이다.

뉴스 사이트에서 가져온 정보는 일시적으로는 관심을 끌 수 있을지 몰라도, 나만의 관점이 녹아있지 않으면 누구나 제공할 수 있는 콘텐츠에 지나지 않는다.

독특하고 재미있는 사고방식, 다른 사람과 다르다고 생각되는 정보를 꾸준히 제공해야 콘텐츠로서 가치가 있다.

가공하지 않은 1차 정보는 돈으로도 살 수 없을 만큼 귀중하지만, 다른 사람의 정보를 활용한 2차 정보는 아무리 모아도 2차 정보일 뿐이며 나는 소비자 이상이 되지 못한다. 2차 정보를 활용하려면 이를 내 시각으로 다시 해석해야 한다.

잘 팔리는 가치 있는 콘텐츠는 자신이 직접 느낀 1차 정보를 제공한다. 성공한 사람들은 자신이 만든 1차 정보를 활용해 다른 사람이 즐거워할 만한 2차 정보를 만든다. 여러분도 2차 정보를 즐기기만 하는 사람에서 자신만의 1차 정보를 제공하는 사람이 되어 보자.

누구나 오늘부터 할 수 있는 점심메뉴 올리기

그럼 실제로 오늘부터 콘텐츠를 만들어 올리려면 구체적으로 어떻게 해야 할까?

글쓰기를 좋아하는 사람이라면 블로그가 좋지만, 매일 긴 글을 쓰기가 힘들다면 페이스북이나 트위터를 활용하는 것도 좋다.

일상의 모든 것을 소재로 다양한 이야기를 할 수 있다. 중요한 점은, 이렇게 모인 정보들을 콘텐츠로 만들기 위해서는 한 가지 주제로 묶어야 한다는 것이다.

앞으로 필요할지도 모르는 것들을 모아둔 것이 정보라면, 주제를 정해서 그에 따라 정리한 것이 콘텐츠다.

'나는 딱히 끌리는 주제가 없는데…, 요즘은 뭐 재미있는 것도 없고'라고 생각하는 사람이라도 우선 오늘부터 시작해 보자.

예를 들어 회사 근처에 점심을 맛있게 먹을 수 있는 식당 정보는 어떤가? 매일 점심을 먹으러 갈 때마다 식당 정보를 업데이트하는 것이다. 늘 먹는 점심인데 굳이 시간을 들여 찾기도 번거롭고 아무거나 먹어도 상관없다고 생각하는 사람이라도 어쨌든 점심식사는 할 것이다.

정보를 업데이트한다고 해도 어려운 감상을 적을 필요는 없다. 그저 맛이 있었는지, 가격은 얼마였는지, 가게의 이름이나 주소, 사진 정도만 올리면 된다.

이렇게 매일 계속하여 콘텐츠화하는 습관을 들여 보자. 그러다 보면 회사 근처에 있는 거의 모든 식당에 대한 정보가 모일 것이다. 만약 회사가 마루노우치에 있다면 '마루노우치 점심 정보', 아키하바라에 있다면 '아키하바라 점심 정보'가 나올 것이다. 이는 늘 점심메뉴를 고민해야 하는 직장인들에게 반가운 정보가 될 것이다.

꼭 전국 각지의 맛집을 찾아다니지 않아도, 고급 요리평론가가

직장 근처의 점심 정보를 매일 업데이트하자.

 ○○ 식당 점심

주소 :

메뉴 : ○○. XX 스프. △△ 샐러드

가격 : ○○○ 원

이 가격에 ○○에 XX고기로 만들다니!

가격 대비 만족도 4

마루노우치 점심 정보 제공자로 변신!

아니어도 그 지역에서 매일 밥을 먹는 사람으로서 생생한 감상과
정보를 제공하면 이를 필요로 했던 사람들에게 큰 가치가 된다.

이렇게 몇 년 이어가다 보면 주변 직장인이나 주변 음식점에도
알려져 서서히 점심 정보 제공자로 자리매김하게 된다.

또 '5000원 이하'라든지 '500칼로리 이하' 같은 조건을 붙여 콘
텐츠를 정리하는 것도 재미있을 것이다. 처음에는 어렵게 느껴지
겠지만 꾸준히 하면 콘텐츠 의식을 습관화할 수 있다.

정보는 마케팅 관점에서 모으자

지금까지 누구나 쉽게 점심메뉴 콘텐츠를 올리는 방법을 소개
했다. 이렇게 처음에는 매일 접할 수 있으면서 다른 사람에게도
도움이 되는 주제부터 시작해보자.

또 언제 콘텐츠화할지 모르지만 분명 좋은 아이디어가 될 것이
라 생각되는 정보도 정기적으로 기록하는 습관을 기르자.

이때 핵심은 내가 평소 흥미를 갖고 있지 않은 것이라도 인기
가 있고 잘 팔리는 것, 아니면 전혀 인기가 없는 것에 주목하여 왜

그런지를 생각해 보는 것이다.

이는 마케팅적인 시점을 갖기 위한 훈련이다. 잘 팔리는 것은 왜 잘 팔리는지, 그렇지 않은 것은 왜 인기가 없는지 생각하는 훈련을 하면, 나중에 비즈니스를 시작할 때 이익을 올릴 수 있는 단서를 찾는 데 도움이 된다.

예를 들어 스마트폰으로 퍼즐앤드래곤 게임을 단순히 즐기기만 한다면 당신은 그저 소비자에 지나지 않는다. 그러나 퍼즐앤드래곤이 왜 인기가 있는지 생각을 하면 정보를 얻을 수 있다.

'지금까지 다운로드 횟수가 몇만 건이 넘고 사용자는 어느 연령대가 많구나, 이익이 나는 이유는 유료 아이템 때문이구나' 하고 조사를 통해 얻은 통계와 숫자를 구글 스프레드시트에 기록해 둔다.

이때 무엇보다 중요한 것은 실제로 그것을 체험하는 것이다.

"왜 잘 팔릴까?"라는 시각을 갖고 실제로 매일 게임을 해보면 그 이유를 실감하게 된다. 몇 시간이나 집중해서 게임을 하는지, 몇 단계에서 클리어 되면 포기하는지 등은 실제로 게임을 해보지 않으면 알 수 없다. 이렇게 경험을 통해 얻은 정보는 빠짐없이 기록해두자.

팔리는 것은 직접 체험해 봐야 단서가 된다

퍼즐앤드래곤이 왜 이렇게 인기가 있는지는 이미 여러 차례 보도되어 알고 있다 하더라도, 콘텐츠로서의 가치는 직접 경험해봐야 실감할 수 있다.

처음에는 무료로 게임을 즐기다가 한 번 빠져들면 '마법석' 같은 유료 아이템이 탐나기 시작한다. 마법석은 무료로도 있지만, 고생해서 레어몬스터를 얻었는데 게임이 끝나 포기하기가 아까워지면 결국 돈을 결제하고 마법석을 구매하게 된다.

이러한 세세한 부분까지 실제로 체험한 결과 '이 게임이 인기가 많은 이유는 마법석이 등장하는 타이밍 때문이다'라는 사실을 발견했다면 이보다 큰 수확은 없다.

또한 자신이 체험한 1차 정보를 숫자나 감상으로 꾸준히 기록하는 것도 의미가 있다. '○일까지는 무료로 게임을 했다, ○일에 85엔짜리 마법석을 구매했다, 그때 구매 이유는 무엇이었나? → 레어몬스터를 포기하기 아까워서'처럼 행동과 그 원인을 상세하게 데이터로 남기는 것이다.

이런 데이터가 있으면 업무에서 판촉용 게임 애플리케이션을 만들 때 퍼즐앤드래곤처럼 절묘한 타이밍에 눈에 띄는 아이디어를 제시해야겠다는 방향성이 생길 수도 있다.

인터넷에서 얻은 정보를 그대로 받아들인 기획은 누구나 할 수 있지만, 체험을 바탕으로 한 기획에는 누구도 모방할 수 없는 강력한 힘이 있다.

다른 사람의 의견에는 그 사람의 주관이 들어가 있어 100% 신뢰할 수 없지만, 자신이 실제로 겪은 일은 전적으로 믿을 수 있다.

이렇게 자신만의 정보를 정기적으로 기록하면 성공에 조금 더 가까이 다가갈 수 있다.

나만의 독특한 관점으로 세상에 무언가를 내놓을 수 있게 된다면, 자신만의 콘텐츠를 생산하는 것도 그렇게 어렵지 않을 것이다.

그러나 그전까지는 매일 꾸준히 자신만의 아이디어 재료를 모아야 한다. 정보를 정리하는 목적이 콘텐츠화라는 사실을 의식하면 점점 머릿속이 정리될 것이다.

내일은 드디어 성공하는 사람이 되기 위해 반드시 알아야 할 '돈'에 대해 배워보자.

F씨, 퍼즐앤드래곤 판매구조에 관한 보고서로 능력을 인정받다!

그동안의 업무 성과로
고속 승진!
연봉도 대폭 상승!!

は、ヤバイ

퍼즐앤드래곤에
빠졌어~

게임에 중독되지 않도록 조심~~

Day 14.

돈 정리

머릿속이 정리되면
돈도 정리된다

드디어 2주간의 레슨 중 마지막 날이다.

마지막으로 여러분에게 전하고 싶은 것은 "돈을 잘 번다, 성공했다는 평가를 받는 사람들은 돈을 어떻게 쓰고 관리하는가?", 즉 돈 정리법이다.

지금까지 주변 정리와 데이터 정리에서 시작하여 마지막으로 머릿속까지 정리하는 방법을 배웠다. 이렇게 머릿속이 정리된 상태가 되면 필연적으로 돈도 정리된다.

구체적으로 매월 생활비가 얼마나 들고 그 중 식비는 얼마, 교육비는 얼마, 고정자산은 어느 정도, 유동자산은 어느 정도인지를 늘 파악하고 있어야 한다.

대차대조표나 포트폴리오가 등장하는 어려운 방법이 아니어도 괜찮다. 굳이 가계부를 적을 필요도 없다.

아이들의 용돈 기입장 수준이면 충분하니 내가 가진 돈을 정리하기 위해 나가고 들어온 돈의 내역을 기록해보자.

요즘은 통장 입출금내역을 인터넷으로 다운로드할 수 있으니 한 달에 한 번 정도 데이터를 받아 정리하면 좋다.

물건을 살 때 현금으로 내고 매번 기록하려면 번거로우므로, 결제와 동시에 통장에서 돈이 빠져나가는 직불카드나 체크카드를 사용하는 것도 좋다. 통장 잔고 내에서만 결제되므로 신용카드처럼 낭비할 일도 없고, 통장에 기록이 모두 남아 지출 내역을 쉽게 파악할 수 있다.

이렇게 정기적으로 돈에 관한 정보를 기록하면 쓸데없이 낭비하는 돈이 얼마인지 파악하여 자연히 돈을 아낄 수 있게 된다.

필요 없는 것을 사면 낭비는 3배

머릿속이 말끔히 정리되어 있으면 자신이 갖고 있는 것과 필요한 것을 늘 파악하고 있기 때문에 쓸데없는 물건을 사는 일이 없다. 그렇게 되면 식품이나 생필품을 제외하면 새로 사야 할 것이 거의 없는 상태가 된다.

쇼핑을 좋아하고 신제품이 나오면 바로 구매한다고 말하는 사람은 정말 그 제품이 필요해서라기보다는 스트레스를 풀기 위해 물건을 사는 경향이 많으므로, 아무리 돈이 많아도 부자가 되기는 힘들다.

또 무언가를 사기 위해서는 돈만 필요한 것이 아니라 물건을 찾고 고르는 시간도 필요하고, 산 물건을 보관할 장소도 필요하다.

따라서 필요하지 않은 물건을 사면 돈에, 시간에, 장소까지 3배로 낭비한 꼴이 된다. 그러나 머릿속을 정리하면 꼭 필요한 물건만 사고 낭비를 줄일 수 있다.

필요 없는 물건을 산 뒤에도 아깝다는 생각에 버리지 못하고 있는 사람이 있는데, 이 역시 쓸데없는 일이다.

한 번 쓴 뒤 다음번에 다시 쓰기까지 1년 이상 걸리는 물건이 있다면 그때그때 처분하고 필요할 때에 다시 사는 쪽이 현명하다. 버리기 아까운 물건은 주변의 필요한 사람에게 주거나 중고용품으로 파는 것도 좋은 방법이다.

처분했던 물건이 나중에 필요하게 되어 다시 사게 된다 하더라

도, 제대로 정리되지 않은 채 많은 물건을 쌓아놓고 사는 것보다
는 효율적이다. 어차피 정리되지 않은 물건은 나중에 필요할 때
적절히 찾아서 활용할 가능성도 희박하다.

물건보다는
체험에 돈을 쓰자

세계적인 부자들은 돈을 어떻게 쓸까?

다양한 조사결과에 의하면 그들은 물건이 아니라 체험에 돈을
쓴다고 한다. 예를 들어 10만 원으로 멋진 풀코스 요리를 먹을 수
있다면 망설임 없이 돈을 내고 식사를 한다.

그들이 부자이기 때문에 한 끼에 10만 원을 써도 아깝지 않아
서가 아니다. 쓸데없는 일에 10만 원을 낭비할 바에야 멋진 코스
요리를 먹으러 가는 편이 낫다는 것이다.

직접 돈을 내고 경험해보지 않으면 지금보다 나은 생활이 어떤
것인지 알 수가 없다. 지금 자신에게 큰돈이라 해도 더 나은 생활
을 체험할 기회를 만드는 것은 매우 중요하다.

직접 경험해보면 지금까지 당연하게 생각했던 것이 당연하지

않게 느껴질 것이다. 더 나은 생활을 체험해보지 않으면 더 나은 생활에 도달할 동기부여를 얻지 못한다.

체험에는 학습도 포함된다. 학습에 관한 지출은 자기 투자다. 그러므로 체험 또한 자신에 대한 투자다.

체험 외의 것에 지출해야 한다면 나중에 내게 가치를 제공할 것에만 돈을 써라.

예를 들어 단순히 갖고 싶은 옷을 사는 것은 낭비이지만, 일을 잘하는 데 필요한 옷이나 세미나, 강연용 옷이라면 나중에 그것이 이익으로 돌아올 것이므로 투자해도 괜찮다.

주택이나 아파트처럼 나중에 돈으로 바꿀 수 있는 것도 좋다. 그러나 차를 사는 것은 가장 쓸데없는 지출이다. 집에 아이가 있는 게 아니라면 차를 소유하기보다 대중교통을 이용하고, 필요하면 택시를 타는 것이 단연 돈을 아끼는 방법이다.

페라리처럼 희소가치가 있는 차는 현금으로 바꿀 수 있는 가능성이 높으므로 구매해도 나쁘진 않을 것이다.

투자가치가 없는 것은 되도록 사지 않는 편이 좋지만 꼭 필요한 것이라면 필요한 기간 동안만 렌탈서비스를 이용하는 것도 좋은 방법이다.

나중에 결국 버릴 물건을 자꾸 사다 보면 돈을 낭비할뿐만 아니라 주변 정리도 머릿속 정리도 어렵다. 그래서는 정작 중요한 일에 집중할 수 없다.

포인트카드와 쿠폰으로 지갑이 꽉 찬 사람은 부자가 되지 못한다

현명한 사람들은 물건을 살 때에도 필요 없는 것이나 버릴 것을 얼마나 줄일 수 있는지 생각한다.

먼저 지갑 안에 포인트카드와 쿠폰이 잔뜩 들어 있는 사람은 지금 당장 모두 처분하도록 하자.

포인트카드와 쿠폰은 '동전 줍는 사람'의 전형이다. 동전 줍는 사람이란 적은 돈을 얻기 위해 자신의 노력과 시간을 낭비하는 사람을 말한다.

물건을 살 때마다 각종 포인트카드와 쿠폰을 일일이 챙기는 사람은 그 노력에 비해 얻을 수 있는 혜택은 얼마 되지 않는다는 사실을 알아야 한다.

근처 가게에서 살 수 있는 물건도 쿠폰이나 포인트 적립을 위해 멀리까지 가서 구매한다면 그만큼 시간을 낭비하게 된다.

무엇보다도 '이 가게의 포인트카드가 어디에 있더라?', '이 물건의 쿠폰이 있었는데…'하며 쓸데없는 잡무에 머리를 쓰느라 정작 중요한 일에 집중하지 못하게 된다.

시간을 1초라도 낭비하게 만드는 것은 처음부터 만들지 않는 편이 좋다.

그래도 꼭 포인트카드를 가지고 다녀야겠다면 가격이 비싼 상점이나 단골 가게의 카드만 들고 다니자. 어쩌다 한 번 이용하는 포인트카드는 과감하게 잘라버리자.

요즘은 인터넷으로도 물건을 구매할 수 있다. 검색을 통해 다양한 상품을 보거나 가격, 사양 등을 비교해볼 수도 있다.

얼핏 현명한 소비자가 된 것 같지만 인터넷 쇼핑도 하지 않는 편이 좋다.

구매하기로 결정하기까지 몇 시간이나 찾아보고 고민한 끝에 결국 몇 푼 더 저렴한 물건을 고르기보다는, 그 몇 시간을 귀중한 공부 시간으로 활용하는 편이 훨씬 낫다.

세상에서 가장 소중한 것은 '지금'이라는 시간이다.

몇 푼 더 저렴한 상품을 사려고 여기저기 발품을 팔다 보니 할인받은 금액보다 교통비가 더 많이 나왔다는 우스갯소리가 있다. 요즘은 온라인쇼핑이 있으니 교통비는 들지 않는다고 생각하겠지만, 저렴한 물건을 사려고 시간을 버리는 쪽이 사실은 더 비싼 대가를 치르는 것이다.

내 우선순위는 무엇인가

정말로 성공하고 싶다면 흔히 알려진 상식을 믿지 마라.

성공하고 싶다면 먼저 돈이 많아야 한다고 생각하지는 않는가? 실제로는 그렇지 않다.

결혼하려면 얼마가 있어야 하고, 결혼한 뒤에 아이를 낳으면 교육비가 필요하니 매월 얼마를 벌어야 하고… 이렇게 꼼꼼히 계획을 세워 사는 사람일수록 성공할 확률이 높다고 생각하지만, 사실은 그렇지 않다.

그러한 인생계획이 차근차근 이루어진다고 해도, 그 정도로는 성공한 인물이라고 부를 만큼 크게 성공하기도 어렵다.

정말로 성공하는 사람은 흔히 생각하는 성공 법칙을 따르지 않고 자신만의 우선순위를 정해 그것을 따르는 사람이다.

자신이 우선시한 것에 대해서는 아낌없이 돈을 쓰고 당장 눈앞의 통장 잔고에 일희일비하지 않지만, 그 외에는 여가든 오락이든 일시적인 쾌락이든 그 어느 것을 위해서도 시간과 돈을 낭비하지 말아야 한다.

책이나 세미나, 전문가 교류회 등은 자신의 능력을 업그레이드 하는 데 필요한 것이므로 아끼지 말고 투자하자.

나는 아직 연봉이 낮고 돈이 없어서 그럴 수 없다고 생각한다 면 평생 자신이 꿈꾸는 연봉을 받긴 불가능하다.

수입의 40%를 투자하는 사람만이 성공한다

돈이 많든 적든 연봉이 얼마이든 상관없이 수입의 40%를 자기계발에 쓰는가 그렇지 않은가로 성공 가능성 여부를 판가름할 수 있다고 나는 생각한다.

40%는 꽤 높은 비율이다. 성공을 다룬 거의 모든 책에서 자기계발의 필요성을 설파하지만, 대부분 처음에는 10~20%여도 좋으니 자신에 대한 투자를 시작하는 것이 중요하다고 말한다.

빠듯한 급여로 생활하는 사람이라면 처음으로 자기계발에 투자해야겠다고 생각해도 이런저런 생활비를 빼고 나면 아마 20% 정도가 최고일 것이다.

세금을 뺀 실수령액이 한 달에 150만 원밖에 되지 않는다면 그중 20%인 30만 원을 매월 투자하는 것도 쉽지 않다고 생각할 것이다.

하지만 그렇게 생각한다면 성공할 수 없다. 월수입이 100만 원밖에 안 된다고 해도 그중 40만 원을 아끼지 않고 매월 자기계발에 쓰는 사람만이 정말로 성공할 수 있다.

40만 원을 투자하면 남은 60만 원으로 어떻게 한 달을 생활하느냐고 생각할지 모른다. 확실히 이 돈으로는 집세도 내기 어렵다. 그렇다면 당분간은 부모님과 함께 살면서 집세를 아끼는 등 어떤 방법을 써서라도 고정비가 들지 않는 생활 방식을 선택해 수입의 40%를 반드시 자기계발에 투자하자.

이 정도도 할 수 없다면 연봉을 올린다거나 미래에 성공하겠다는 꿈을 꾸지 말아야 한다.

'지금은 힘드니까 월수입이 120만 원이 되면 자기계발비용을 10만 원 올려야지'라고 생각하는 사람은 평생 목표에 도달할 수 없다.

연 수입이 1억 원이 될 때까지는 투자 비율을 얼마나 늘릴지가 관건이다. 여유가 된다면 수입의 40% 이상을 투자해도 좋다.

이렇게 꾸준히 자기계발에 투자하면 언젠가 연봉이 배로 훌쩍 뛰는 날이 올 것이다.

자기계발에 쓸 돈을 아껴 저축한 돈은 죽은 돈이다. 성공하고 싶다고 말하는 사람이 자기계발에 쓸 돈이 아까워 쌓아두기만 하거나 일시적 즐거움을 위해 낭비하는 것은 자살행위와 같다.

자기계발에 투자하는 것이 지금 당장 몇 푼 저축하는 것보다 훨씬 중요하다는 사실을 잊지 말자. 성공한 뒤엔 그보다 훨씬 많은 돈이 자연스럽게 통장에 들어올 것이다.

미래에 대한 두려움 때문에 저축이나 보험에만 집착하는 사람은 자신의 성공을 확신하지 못한다는 증거다. 자신이 자신을 믿지 않으면 당연히 성공하지 못한다.

자신은 성공할 수 없다고 포기한 사람이라면 자기계발에 쓸 돈을 저축하라.

'일단 저축을 해서 돈이 모이면 ○○를 해야지'라고 생각하는 사람은 절대 성공할 수 없다고 생각하는 편이 좋다.

자, 이것으로 마지막 레슨도 끝났다.

성공하는 사람은 돈을 어떻게 정리하고 사용하고 모으는지 솔

직하게 살펴봤다. 이것을 실천할 수 있는 사람만이 풍성한 삶을 살 수 있다.

　마지막 레슨은 조금 어려웠는지 모르겠다. 하지만 레슨 전체가 직장인에게 반드시 도움이 될 것이므로 2주간의 레슨이 끝난 뒤에도 꼭 빠짐없이 반복하여 습관화하자.

　이 책에는 '당신의 하루를 세 시간 늘려주는'이라는 부제가 붙어 있지만 본문에서는 다섯 시간을 늘리는 것으로 설정한 이유는, 다섯 시간을 늘리겠다고 생각하고 실천해야 실제로 세 시간 정도가 늘어나기 때문이다. 그리고 이 책을 여러 번 반복해서 실천하면 언젠가는 정말 다섯 시간을 늘릴 수 있는 날이 올 것이다.

　지금까지의 레슨을 통해 여러분의 머릿속이 말끔히 정리되어, 소중한 시간에 훌륭한 성과를 내며 활약하는 사람이 되기를 바란다.

**한 시간을 아무렇지 않게 낭비하는 사람은
인생의 가치를 발견하지 못한 사람이다.**

– 찰스 다윈

14일간의 프로그램을 실천한 여러분은 모두 인생의 가치를 발견
한 사람일 것입니다.

"엄마는 무슨 일이든 빨리해."

"어떻게 그렇게 빨라?"

쌍둥이 딸아이가 6살 때 제게 한 말입니다.

예전에 "엄마 손은 마법의 손, 뭐든지 나오는 신기한 손"이라는 CM송이 있었지요. 아이에게 엄마가 하는 일은 무엇이든 마법처럼 보이는가 봅니다.

하지만 쌍둥이 딸이 느낀 '빠른 엄마'는 그저 아이들만이 느낀 감각이 아니었습니다. 학창 시절의 저는 무엇을 하든 다른 친구들이 아직 시작도 못 했을 때 이미 다 끝내는 별난 아이였습니다.

지금도 저는 30분이면 마치는 일을 직원들은 며칠씩 걸리면서도 최선을 다했다고 말합니다.

"언제 다 했어?"

"잠은 언제 자?"

"나는 시작도 못 했는데 어떻게 벌써 다 했어?"

"방금까지 같이 실컷 떠들었는데 언제 다 했어?"

지금까지 이런 이야기를 얼마나 많이 들었는지 모릅니다.

그때마다 저는 "나는 마법을 쓰거든. 빗자루를 흔들면 뭐든지 다 된다고"라며 농담을 합니다.

하지만 당연하게도 다른 사람보다 훨씬 빠른 속도로 업무나 공부를 하는 데에는 비결이 있습니다. 다른 사람들이 모를 뿐이지요.

비결을 말하지 않으니 사람들은 제게 대단한 능력이라도 있는 줄 알고 있지만, 실제로는 다른 사람보다 능력이 뛰어난 것도 특별한 기술을 가진 것도 아닙니다. 그저 시간을 효율적으로 쓰는 방법을 발견한 것뿐입니다.

저는 어릴 적에 남보다 훨씬 게을러서 "하기 싫은 일을 하지 않고 넘어가는 방법은 없을까?", "진짜 하기 싫은데 눈 깜짝할 사이에 끝내는 방법이 없을까?", "좋아하는 일만 하고 살 수는 없을까?"라고 수없이 고민한 결과 그 방법을 어렵게 발견했습니다.

여러분은 어린 시절을 성실하게 보내서 "하기 싫은 일이라도 꼭 해야 한다"는 말을 받아들였을 것입니다. 하기 싫은 일을 하지 않고 넘어갈 궁리도 하지 않았을 것이고, 당연히 그 방법도 생각하지 못했겠지요.

하지만 저는 한 번 생각하면 실천하지 않고는 못 견디는 성격입니다. 그래서 하기 싫은 일을 붙잡고 하루를 다 보내는 삶에서 어떤 수를 써서라도 벗어나야겠다고 생각했습니다.

시행착오를 거친 끝에 하기 싫은 일을 순식간에 끝내는(또는 순식간에 끝낸 것처럼 보이는) 마법의 규칙을 발견해 친구 앞에서 보여주며 친구가 놀라는 모습을 보고 씨익 웃곤 했습니다.

저는 유치원에 다닐 때 "싫은 것은 안 해!"라는 말을 입에 달고 다녔다고 합니다. 그러나 그저 싫다고 말하면 통할 리 없지요. 하지만 통하지 않는다고 포기할 제가 아닙니다. 어른이 된 뒤에도 하기 싫은 일에는 시간을 들이고 싶지 않고, 어떻게든 하고 싶은 일만 하며 살고 싶다고 생각했습니다.

어떻게 보면 평범하지 않은 이런 성격 덕분에 만든 것이 '틈새 시간을 활용해 하루를 세 시간 늘리는 마법의 규칙'입니다.

저는 지금까지 이 규칙을 입시학원과 문화센터 수강생들, 온라인 강좌의 수강생, 세미나 참가자들에게 전달해왔습니다. 제 강의를 들은 사람들은 이 규칙을 일부만 실천해도 놀라운 성과가 나타났습니다.

습관을 들이기까지는 시간이 걸립니다. 일시적으로 경이로운 성과를 보여준 학생들도 수업이 끝나자 다시 평범한 일상으로 돌아가는 경우가 많았습니다.

그래서 제대로 시간을 들여 이 규칙을 완벽하게 습관화하고 싶어 하는 사람들을 위해 이 책을 썼습니다.

제가 하고 싶지 않은 업무나 공부를 '마법을 쓰는 것처럼 보일 만큼 놀라운 속도'로 끝내고, 그 뒤에는 하고 싶은 일, 즐거운 일, 돈이 생기는 일을 하며 느긋하게 시간을 보내는 비결은 규칙을 따르기 때문입니다. 덕분에 집에서 쌍둥이를 키우면서 매년 30억 원의 매출을 올릴 수 있었습니다.

이 책을 시작으로 저의 진수라고 할 수 있는 '하루를 세 시간 늘리는' 스피드업 규칙을 공개하게 되어 무척 기쁩니다.

이 책을 그저 읽기만 하지 말고 직접 실천해 습관을 들임으로써 당신의 시간을 더 중요한 일에 쓰기를 바랍니다.

하루 세 시간을 절약하여 좋아하는 일에 투자하고 눈부시게 빛나는 인생을 살게 된 여러분을 직접 뵐 날을 기다리고 있겠습니다.

마지막으로, 이렇게 책의 형태로 제 생각을 전할 수 있게 된 것은 저 혼자만의 힘으로는 불가능한 일이었습니다.

평소 제 강의를 수강하는 수강생 여러분, 세미나에 참석해주신 분들, 매일 응원해주는 직원들, 또 책 제작에 힘써 주신 모든 분들께 깊은 감사의 마음을 전합니다.

시비스 아카데미 학장 다카시마 미사토

2014년 2월

하루 27시간

당신의 하루를 3시간 늘려주는 기적의 정리법

초판 1쇄 발행 ｜ 2015년 1월 2일
초판 2쇄 발행 ｜ 2015년 1월 12일
지은이 ｜ 다카시마 미사토
옮긴이 ｜ 서라미
펴낸곳 ｜ 윌컴퍼니
펴낸이 ｜ 김화수
등록 ｜ 2011년 4월 19일 제300-2011-71호
주소 ｜ (110-872) 서울시 종로구 사직로8길 34, 1203호
전화 ｜ 02-725-9597
팩스 ｜ 02-725-0312
이메일 ｜ willcompany@nate.com
ISBN ｜ 979-11-85676-14-2 03190

이 도서의 국립중앙도서관 출판시도서목록(CIP)은 서지정보유통지원시스템 홈페이지
(http://seoji.nl.go.kr)와 국가자료공동목록시스템(http://www.nl.go.kr/kolisnet)에서
이용하실 수 있습니다. (CIP제어번호: CIP2014035650)